Tatjana Böhme-Mehner

Musikstadt Leipzig in Bildern

Das 20. Jahrhundert

Lehmstedt

Umschlag, Buchgestaltung: Mathias Bertram, Berlin
Bildbearbeitung, Satz: Mareike Bardenhagen
Herstellung: Westermann Druck Zwickau GmbH

© Lehmstedt Verlag, Leipzig 2017
Alle Rechte vorbehalten.
Printed in Germany.
ISBN 978-3-95797-024-4

Verlagsinformationen: www.lehmstedt.de

Umschlag: Gewandhausorchester unter Kurt Masur,
Fotografie von Gert Mothes, 1993

Frontispiz: Classic Open auf dem Leipziger Markt mit
dem Gewandhausorchester unter Herbert Blomstedt,
Fotografie von Gert Mothes, 1999

S. 192: Die Thomaner unter Thomaskantor Georg
Christoph Biller auf dem Weg zu einem Auftritt in der
Thomaskirche, Fotografie von Gert Mothes, 2010

Vorwort

Leipzig hat kürzlich sein 1000-jähriges Stadtjubiläum gefeiert. Rein mathematisch ist es da schon fast verwegen, wenn der dritte und letzte Band einer Reihe zur Geschichte der Musikstadt lediglich ein Jahrhundert umfasst, wie sein Vorgängerband auch schon. Doch betrachtet man die musikalischen Entwicklungen nicht nur im mitteldeutschen Raum und das gegenwärtige allgemeine Bild von Musik, dann wird schnell klar, dass das nicht irgendwelcher Willkür oder Vorliebe geschuldet ist, sondern mit der Intensität und Rasanz von Entwicklungen zu tun hat.

Der Zeitraum von 1895 bis zum Beginn des 21. Jahrhunderts – im musikalischen Kontext geht es um die Moderne in einem breiten Sinne, um ihre Teil- und Gegenströmungen, um eine Musikwelt, die sich durch eine neue Disperatheit auszeichnet. Insofern provoziert schon das simple Prinzip der Chronologie, mit dem der vorliegende Band das Konzept der beiden Vorgängerbände fortsetzt, manches erstaunliche Aha-Erlebnis.

Gewiss spiegelt der vorliegende Band einen entscheidenden Teil musikalischer Kontinuität, dennoch muss er sich aus vielerlei Gründen und in mancherlei Hinsicht von seinen beiden Vorgängerbänden unterscheiden. Ein entscheidender Punkt ist die Materiallage: Die erreichbaren Dokumente würden Regalreihen füllen, dennoch lassen sich nicht für alle Perioden und Phänomene gleichermaßen geschlossen Bilddokumente akquirieren.

Mit dem Vordringen der Fotografie in den Alltag wird ein weiteres Phänomen deutlich, nämlich die Tatsache, dass das Existieren von bildlichen Darstellungen nicht mehr quasi per se Rückschlüsse auf Bedeutsamkeit zulässt. Mag der Schnappschuss an sich durchaus als Materialbasis Bedeutung für sozialhistorische – namentlich quantitative – Forschung haben, für jene musikalische Sozialgeschichte, die dieser Bildband erzählen will, kann sie nicht schlicht als Korpus herhalten.

Bildmedien und eine neue Vorstellung von Bildlichkeit prägen in steigendem Maße das 20. Jahrhundert und auch seine Musikgeschichte. Stetig sank der Aufwand, Ereignisse im Bild festzuhalten, damit allerdings wurde die Beliebigkeit des Festgehaltenen bezogen auf allgemeine soziale Relevanz drastisch erhöht. Bildlichkeit wird zwar zu einer entscheidenden Größe der Gesellschaft, ist aber als solche omnipräsent. Die Existenz eines Fotos sagt für die letzten Jahrzehnte nicht mehr so viel über die soziale Relevanz des Abgebildeten wie in der Zeit zuvor und erst recht nicht im Vergleich mit den Jahren, als Personen und Ereignisse gemalt, gezeichnet oder in Stichen festgehalten worden sind.

Die Tatsache, dass es sich bei der betrachteten Zeit zumindest teilweise um selbst erlebte Geschichte handelt, machte Auswahl und Beschreibung obendrein nicht immer unbedingt leichter, aber in jedem Fall zu einem großen Vergnügen – wie jene Gelegenheit, mit dem Konzert des Concertgebouw Orchesters unter Leonard Bernstein im Gewandhaus ein Schlüsselerlebnis der eigenen Biografie zu reflektieren. Erlebtes, Erzähltes und »nur« Erlesenes gewinnbringend in Beziehung zu setzen, ist eine faszinierende Herausforderung, die Erfahrung nicht nur relativiert, sondern Vertrautes aus ganz neuer Perspektive erfahrbar macht.

In noch einem entscheidenden Punkt muss sich dieser Band von den Vorgängerbänden unterscheiden: Es war ein maßgeblicher Wandel, der den Musikbetrieb des 20. Jahrhunderts prägte – eine absolute Gewichtsverlagerung von der Komposition zur Interpretation. Waren es im 19. Jahrhundert noch immer vor allem die Komponisten und ihre Werke, die aktuell und attraktiv das Musikleben bestimmten, so machen im 20. Jahrhundert die Interpreten und ihre Interpretationen den entscheidenden Innovationsstrom im Musikbetrieb aus. Dies verändert die Rollenbilder von Komponisten, Interpreten, aber auch Hörern – insofern dürfte es nur konsequent sein, dass die gespiegelte Musikgeschichte mehr als jene der Vorgängerbände auch Interpretations- und Interpretengeschichte ist. Dies soll die Qualität der in Leipzig wirkenden Komponisten und ihrer Werke keinesfalls schmälern, es ist vielmehr die Konsequenz aus der Vielfalt der Musikszene und dem Anspruch des vorliegenden Bandes.

Leipzig trägt den Beinamen Musikstadt nicht allein wegen der Bedeutung seiner musikalischen Aktivitäten, sondern auch aufgrund ihrer Vielfalt und Masse. An wenigen Plätzen der Welt gibt es so viele herausragende Solisten und Ensembles, so viele kulturelle und soziokulturelle Initiativen, so viele Menschen, die die entsprechende Tradition bewusst und aktiv leben – dies ist umfänglich dokumentiert. Es ist aber ausgeschlossen, alle Facetten namentlich zu nennen oder gar im Bild zu präsentieren.

Aus diesem Grund entschuldige ich mich schon im Voraus bei allen Leipziger Musikschaffenden – seien es Interpreten, Komponisten oder die guten Geister, ohne die Musik niemals stattfinden könnte –, denen ein Platz in diesem Buch durchaus zugestanden hätte, die aber aus diesem oder jenem Grund, aber immer ohne böse Absicht hier nicht in Bild oder Wort verewigt werden konnten. Oft ist die Entscheidung, welches Ereignis für einen bestimmten Zusammenhang stehen soll, welche Person einen bestimmten Typus repräsentieren könnte oder welches Phänomen einen bestimmten Zeitgeist am besten trifft, nicht leicht gefallen. Und nicht selten waren es auch pragmatische Gründe, die eine Auswahl relativierten. Denn gerade, was die späten DDR-Jahre und die Wendezeit betrifft, ist es erstaunlich, welch mangelndes zeithistorisches Bewusstsein die Dokumentationspolitik in den Archiven prägte. Das gleiche gilt für die Jahre nach dem Zweiten Weltkrieg, in denen die Menschen schlicht weit Wichtigeres zu tun hatten, als musikalische Aktivitäten ins Bild zu bannen. Nicht selten dürften dazu auch die Mittel und Wege gefehlt haben. Auch Phasen wie die Jahre des Nationalsozialismus sind aus verschiedenen Gründen nicht unbedingt aufs Beste im Bild dokumentiert. Die Gründe dafür mögen ambivalent sein.

Dennoch ist es, denke ich, dank vielseitiger Unterstützung gelungen, ein Bild der Musikstadt in einem reichlichen Jahrhundert zu geben, das zumindest auf die Vielfalt und Vielschichtigkeit Leipziger Musikkultur hinweist. Das Buch präsentiert eine

Mischung aus Schlüsselereignissen und exemplarischen Erscheinungen, die je Stellvertreterfunktion besitzen. Dass es zahllose andere Varianten gegeben hätte, diese Entwicklung in Bilder zu bannen, ist mir bewusst – und sollte auch dem Leser bewusst sein, der hier zu einer Reise nicht nur in die Vergangenheit, sondern vielleicht auch ein Stück weit in die eigene musikalische Geschichte eingeladen ist.

Für die Unterstützung bei Bildrecherche, Auswahl und Rechteklärung bin ich den vielen hilfreichen Geistern in den Institutionen ebenso dankbar wie den zahlreichen engagierten Privatpersonen, die in ihren Schätzen und Erinnerungen wühlten, um auch den einen oder anderen Seitenblick zu ermöglichen, der für das vielschichtige Kaleidoskop der Musik-stadt im 20. Jahrhundert so überaus notwendig ist. Hervorheben möchte ich in diesem Zusammenhang lediglich Gert Mothes, dessen unverwechselbarem Blick für musikalische Bilder ich entscheidende Impulse für diese Publikation und darüber hinaus verdanke.

Dem Verleger Mark Lehmstedt danke ich nicht allein für die faszinierende Chance, mich überhaupt diesem Projekt widmen zu können, und für ein sensibles Lektorat, sondern vor allen Dingen für wertvolle Anregungen, eine vertraute Musikwelt aus einer anderen und beeindruckenden Perspektive zu sehen.

Klaus und Adrian Mehner danke ich für permanenten Austausch und für eine Menge Geduld.

Tatjana Böhme-Mehner

Arthur Nikisch, Gewandhauskapellmeister 1895–1922

LEIPZIG.

Photographie und Verlag der Kunsthandlung von Hermann Vogel in Leipzig.

Das Gewandhausorchester im Großen Saal des Konzerthauses an der Beethovenstraße, am Pult Arthur Nikisch
Fotografie von Hermann Vogel, um 1905
Frankfurt am Main, Universitätsbibliothek

Symbolträchtiger als mit der Berufung Arthur Nikischs (1855–1922) zum Gewandhauskapellmeister hätte man in Leipzig die Jahrhundertwende in musikalischer Hinsicht nicht vollziehen können. Mit dem zeitgleich an die Spitze der Berliner Philharmoniker berufenen Maestro, der einen ganz neuen Dirigententypus repräsentierte, ergriff ein ganz neues Bekenntnis zur Interpretationskultur Besitz vom Leipziger Musikbetrieb. Nikischs Offenheit gegenüber den Errungenschaften seiner Zeit manifestierte sich in seinen pianistischen Bemühungen um die im ersten Jahrzehnt des 20. Jahrhunderts intensiv den Markt erobernden Reproduktionsklaviere und die frühe Aufnahmetechnik des Rundfunks und der Schallplattenindustrie, vor allem aber in einem klaren Bekenntnis zu neuen Konzertprogrammstrukturen. Die bis in die Gegenwart international dominierende Sinfoniekonzertform geht ebenso in entscheidendem Maße auf Nikisch zurück wie das Image des Dirigenten als eines beherrschenden nachschöpfenden Künstlers. Zwischen 1902 und 1907 hatte der Dirigent auch die Leitung des Konservatoriums inne und knüpfte in dieser Verbindung an die Tradition von Felix Mendelssohn Bartholdy an.

Vielfältige Orchesterszene, 1896–1914

Eine schillernde Orchester- und Ensembleszene zeichnete das Bild der Musikstadt Leipzig zu Beginn des 20. Jahrhunderts aus. Zahlreiche kleinere Kapellen hatten sich ihre Nischen und Plattformen neben dem Gewandhausorchester erobert, ergänzten es oder zielten dezidiert auf Unterhaltung. Nicht immer war ihre Existenz von Dauer. Von Wandel und Fluktuation war der Musikmarkt geprägt – die Gründe dafür sind ebenso in der wirtschaftlichen wie in der rasanten Entwicklung der Medien zu sehen, aber auch im steten Wandel des Geschmacks und damit der Publikumsgunst. Unter jenen Klangkörpern, die sich in den Jahren vor dem Ersten Weltkrieg eine beachtliche Stellung an der Pleiße erspielten, befand sich auch das Orchester Hans Windersteins (1856–1925), das »Winderstein-Orchester«. 1896 ins Leben gerufen, hielt sich das Ensemble immerhin bis Kriegsbeginn. Der Klangkörper erwarb sich mit Saisonkonzerten einen festen Platz im Publikumsbewusstsein, wirkte aber sommers zusätzlich als Kurorchester in Bad Nauheim. Hans Winderstein, auf dessen Initiative auch die Gründung des Vorgängers des heutigen Münchner Philharmonischen Orchesters zurückgeht wie jene des Philharmonischen Orchesters Nürnberg, strengte nach dem Ersten Weltkrieg den Versuch der Gründung eines zweiten städtischen Orchesters in Leipzig an, freilich vergeblich.

Breitkopf & Härtel, Musikalien-Stecherei und -Druckerei
Plakat, Farblithographie, um 1900
Leipzig, Deutsche Nationalbibliothek, Deutsches Buch- und Schriftmuseum

Es war eine der ganz großen Errungenschaften, die die Handelsmetropole Leipzig mit Schwung vom 19. ins 20. Jahrhundert mitnahm – der Ruf, eine Metropole des Musikverlagswesens zu sein. Carl Gottlieb Röder (1812–1883) hatte bereits 1846 in Leipzig eine Werkstatt zum Stechen und Drucken von Noten begründet. Daraus ging die Firma »C. G. Röder Graphische Anstalt« hervor. Schon 1863 kam hier die erste Notenschnellpresse zum Einsatz. Nicht zuletzt waren es derartige Innovationen, die schließlich zu einer Öffnung des Musikmarktes für breite Bevölkerungsschichten führten. Erschwingliche Notenproduktionen, die in großer Stückzahl verfügbar waren, prägten den Musikalienmarkt der Jahrhundertwende und beförderten neben einer breiten Begeisterung für häusliches Musizieren in der Bürgerstadt auch die Gründung zahlreicher Laienensembles – besonders auch von Chorvereinigungen. Die Verfügbarkeit bestimmter Werke führte auch zur Festigung eines Repertoires. Mit der Präsenz nahezu aller namhaften Musikverlage in Leipzig genoss die Pleißestadt zum Jahrhundertbeginn einen absolut unstrittigen Ruf – neben einer ganzen Reihe kleinerer Verlagshäuser prägten vor allem Edition Peters, Breitkopf & Härtel und Friedrich Hofmeister das Bild.

Hanns Eisler wird in Leipzig geboren, 1898

Hanns Eisler im US-amerikanischen Exil
Fotografie, 1943
Berlin, Archiv Jürgen Schebera

Aus vielen Gründen zählt er zu jenen Komponisten des 20. Jahrhunderts, die polarisierten wie kaum eine Musikergeneration vor ihnen. Im Falle von Hanns Eisler (1898–1962) sind die Gründe dafür nicht allein handwerklich-ästhetischer, sondern auch politischer Natur. Denn der bekennende Kommunist Eisler schuf neben einem bemerkenswerten musiktheoretischen Œuvre und Musiken, die in ihrem avantgardistischen Anspruch und ihrer handwerk-

lichen Meisterschaft durch die Musikgeschichtsschreibung anerkannt sind, auch eine ganze Reihe von Schriften und Werken angewandter Musik bis hin zu Kompositionen, die mit dem Label »Bekenntnismusik« versehen werden könnten, die heute in ihrem ästhetischen Anspruch oder ihrer politischen Aussage umstritten sind. Eislers Berührungspunkte mit der Musikstadt Leipzig waren allerdings gering: Am 6. Juli 1898 wurde er als Kind des bedeutenden Philosophen

Rudolf Eisler (1873–1926) in der Leipziger Hofmeisterstraße 14 geboren. Hier verbrachte er die ersten drei Lebensjahre, bis die Familie nach Wien umzog. In der Gegenwart gibt es Bemühungen, das erst kürzlich renovierte Geburtshaus als musikalischen Gedächtnis- und Begegnungsort in Leipzig zugänglich zu machen.

Schillernde Theaterszene, um 1900

Das Neue Theater am Augustusplatz
Fotografie (Glasplatte) von Hermann
Vogel, um 1905
Leipzig, Stadtgeschichtliches Museum

War die Theatersituation des 19. Jahrhunderts von Vielfalt und an den verschiedensten Spielstätten vom Geiste eines zeittypischen Mehrspartentheaters geprägt, so lässt sich spätestens zu Beginn des 20. Jahrhunderts eine immer stärkere genremäßige Ausdifferenzierung beobachten. Dennoch kannte der Spielbetrieb der Jahrhundertwende noch keine wirkliche institutionelle Trennung. Dies wird im Spielplan des Neuen Theaters am Augustusplatz ebenso deutlich wie

in jenem des sogenannten Alten Theaters am Richard-Wagner-Platz, aber auch in der Ensemblestruktur. Neben den diversen Spielstätten des kommunalen Theaterbetriebs, die sich nahezu allen Genres in gleichem Maße verpflichteten – insbesondere Oper, Operette und Schauspiel –, etablierte sich um die Jahrhundertwende und im frühen 20. Jahrhundert eine vielfältige private Theaterszene. Das Carl-Theater in der Sophienstraße spielte seit den 1870er Jahren, in

den 1880er Jahren nahmen die Varieté-Theater »Krystallpalast« (an der Wintergartenstraße) und »Panorama« (am Roßplatz) den Spielbetrieb auf, die im Operettenbereich eine belebende Konkurrenz zu den städtischen Angeboten darstellten. Eine reiche Theaterszene prägte zu Jahrhundertbeginn auch die Musikkultur.

13

Das Centraltheater belebt das Operettenangebot, 1902

Das Centraltheater an der Bosestraße,
Ecke Gottschedstraße
Kolorierte Ansichtskarte, um 1910
Leipzig, Leibniz-Institut für Länderkunde e. V.

Hatten die beiden städtischen Theater – Altes und Neues Theater – bis dato quasi allein das Bedürfnis der Leipziger nach musiktheatralischer Unterhaltung befriedigt, belebte sich der Markt auf dem Gebiete der Operette 1902 mit der Eröffnung des privaten Centraltheaters zwischen Thomasring (ab 1917 Dittrichring), Bose- und Gottschedstraße. Die gigantische Varieté-Anlage mit verschiedenen Sälen und diversen Restaurants verfügte über einen Theatersaal, der immerhin 1600 Zuschauer fasste und sich schnell als Operettentheater etablierte. 1906 wurde es nach mehreren Jahren der wirtschaftlichen Unsicherheit und Richtungssuche über ein Pächtermodell auch nominell zum »Neuen Operetten-Theater«. Die Konkurrenzsituation belebte das Operettenrepertoire der Stadt beträchtlich. Am Centraltheater selbst etablierte man ein auf das Genre spezialisiertes Ensemble unter Leitung des Kapellmeisters Willy Wolf. Eine Operettenhochburg wurde Leipzig allerdings trotz des breiten Angebotes nie. Das Haus selbst wurde 1943 durch Bomben zerstört und schon bald nach dem Krieg durch einen Neubau ersetzt, der bis heute das Schauspielhaus beherbergt.

Barnet Licht hinterlässt Spuren in Leipzig, 1902–1951

Barnet Licht mit seinem Chor vor einer
unbekannten Kirche
Fotografie, unbezeichnet, um 1925
Leipzig, Stadtgeschichtliches Museum

Betrachtet man die Vielfalt
der Spuren, die Barnet Licht
(1874–1951) während eines
halben Jahrhunderts in Leipzig
hinterlassen hat, so erscheint es
als sträflich, den Musiker auf sein
Wirken im Umfeld der Synagogalmusik und damit auf seine
Existenz als Jude, auf die Tragik
der Deportation zu reduzieren,
während seine wahrhaft gewaltigen musikalischen Verdienste
vergessen bleiben. Bewusst war
die Entscheidung des in den
USA Aufgewachsenen, nach

Deutschland zu kommen, um
Musik zu studieren, und zwar
in Leipzig bei Salomon Jadas-
sohn (1831–1902) und Carl Reine-
cke (1824–1910), Hugo Riemann
(1849–1919) und Hermann Kretz-
schmar (1848–1924). Noch vor
seinem Examen 1902 übernahm
Licht die Leitung des Männer-
chores Rütli in Leipzig-Plagwitz.
Der Einsatz für ein Arbeiteren-
semble war typisch für ihn. Denn
neben der Synagogalmusik –
1924 übernahm Licht die Leitung
des Chores der Großen Gemein-

desynagoge in der Gottschedstraße – erwarb sich Barnet Licht
entscheidende Verdienste um
die städtische Arbeitermusikbe-
wegung. Die Gründung eines Ar-
beiterorchesters, die Vermittlung
von Musik an Arbeiter und eine
frühe Form der Resozialisierung
von Strafgefangenen mit musikalischen Mitteln gehen auf Lichts
Engagement zurück. Barnet Licht
überlebte das KZ Theresienstadt
und wirkte nach dem Krieg in
Leipzig am Wiederaufbau der
musikalischen Breitenkultur mit.

Hochburg des Baus mechanischer Musikinstrumente, 1902

Hupfeld Phonola in geöffnetem Zustand
Fotografie, um 1910
Leipzig, Universität, Museum für Musik-
instrumente

Selbstspielende Klaviere und
Jahrmarktsorgeln, Gerätschaf-
ten, die es unabhängig von den
musikalischen Fähigkeiten
ermöglichen, Musik ins Wohn-
zimmer zu holen – die Zeit der
Industrialisierung zu Jahrhundertbeginn brachte mit ihrem
unverbrüchlichen Glauben an
Technik und Mechanisierung die
Überzeugung mit sich, dass auch
der musikalische Markt revolu-
tioniert und demokratisiert werden könnte. In diesem Zusammenhang ist deutlich der Boom
der Erfindung und Produktion
mechanischer Musikinstrumente
zu sehen, der zu Jahrhundertbeginn weltweit zu beobachten
war, in dessen Frühgeschichte
Leipzig allerdings zu einer ein-
deutigen Hochburg wurde. Nicht
nur Industrielle und Techniker
waren von der Idee fasziniert,
dass reale Musikinstrumente
aufgrund eingebauter Repro-
duktionsmechanismen allein
Musik abspielen könnten. Auch
Komponisten – wie insbesondere Paul Hindemith (1895–1963) –
begeisterten sich dafür, einerseits nicht an die generelle
Begrenztheit interpretatorischer
Möglichkeit – die zehn Finger
und motorischen Fähigkeiten
des Pianisten beispielsweise –
gebunden zu sein, und andererseits nicht unter der Vorstellung
der speziellen Beschränktheit
einzelner Interpreten bezogen
auf ein spezifisches Werk leiden
zu müssen, und eigneten sich die
Reproduktionsverfahren an.

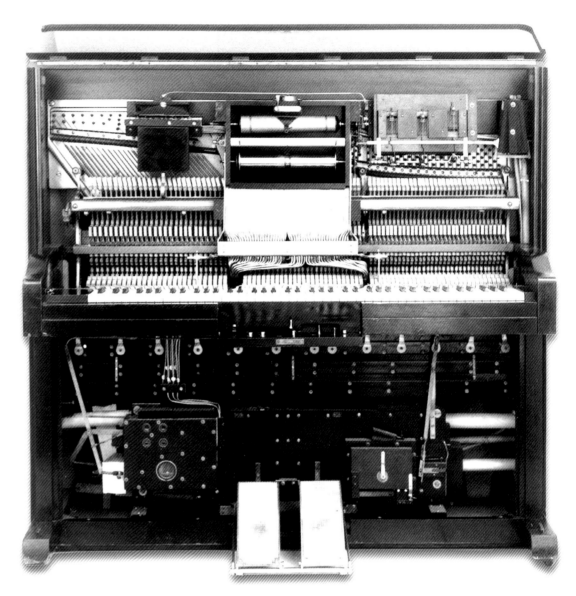

Die Firma Hupfeld bringt das Phonola auf den Markt, 1902

Hupfeld Phonola, Ansicht der Fabrikge-
bäude in Böhlitz-Ehrenberg bei Leipzig
Kolorierte Ansichtskarte, um 1914
Leipzig, Leibniz-Institut für Länderkunde e.V.

Als Inbegriff der Erfolgsgeschichte der selbstspielenden Musikinstrumente gilt die Leipziger
Firma von Ludwig Hupfeld
(1864−1949). Spätestens, als 1902
das »Phonola« auf den Markt
kam, ein Kunstspielklavier, das
in Konkurrenz zum legendär-
en amerikanischen »Pianola«
entwickelt worden war, schien
der Erfolg unaufhaltsam. Hupfeld hatte seine Laufbahn als
Musikalienhändler begonnen,
seinem Geschäft aber bereits
1886 einen Zweig hinzugefügt,
der sogenannte Orchestrien

und selbstspielende Klaviere
herstellte und der mit dem
»Phonola« zu einem Industrie-
unternehmen von internationaler Bedeutung heranwuchs.
Dieses wurde zunächst als soge-
nannter »Vorsetzer«, den man an
ein vorhandenes Tasteninstru-
ment von vorn heranschieben
konnte, in größerer Stückzahl
verkauft. Später konzentrierte
man sich – auch aufgrund der
Konkurrenz durch die Freibur-
ger Firma M. Welte & Söhne, die
das erste Reproduktionsklavier
im engeren Sinne herausge-

bracht hatte – auf die Entwicklung entsprechender Verfahren.
Das notwendige Kapital wurde
nicht zuletzt durch die Gründung einer Aktiengesellschaft
beschafft. Die Hupfeld A.G. ging
schließlich zur Produktion von
Rollenklavieren über, die sich
an die internationale Norm der
Buffalo Convention hielten –
mit Erfolg bis zum Ende der
zwanziger Jahre, als durch Radio und Schallplatte weltweit
die Nachfrage zurückging.

Max Klingers »Beethoven« wird der Öffentlichkeit vorgestellt, 1902

Beethoven
Plastik von Max Klinger, 1902
Verschiedenes farbiges Gestein und
Bronze mit Glas-, Metall-, Elfenbein- und
Edelsteineinlagen, 310 cm Gesamthöhe
Leipzig, Museum der bildenden Künste
(Foto: punctum Fotografie, Leipzig)

Mehr als über den Kompo-
nisten selbst sagt Max Klingers
(1857–1920) Beethoven-Denk-
mal über den Bildhauer, aber
insbesondere über das Beethoven-Bild seiner Zeit aus. Die
Monumentalplastik, die nach
17-jähriger Arbeit 1902 auf einer
ausgedehnten Reise der Öffentlichkeit vorgestellt wurde, gilt
als ein Hauptwerk des Meisters,
in dem entscheidende Aspekte
seines Schaffens verbunden
werden. Es bezieht Deutungen
der Musik ein und verknüpft
diese mit einer zeitgemäßen
Reflexion über Künstlerbild und
Genie-Ästhetik. Im Leipziger
Museum der bildenden Künste
am Augustusplatz wurde für den
»Beethoven« eigens ein Anbau geschaffen, da man davon
ausging, dass die materielle
Pracht des Exponats eine eigene
Inszenierung im Ausstellungs-
raum verlangte. Mit der Zerstörung des architektonischen
Ensembles am Augustusplatz
im Zweiten Weltkrieg verlor
das Kunstwerk zunächst diesen
Rahmen. Die Plastik erhielt nach
Eröffnung des Neuen Gewand-
hauses am Karl-Marx-Platz 1981
zunächst vorübergehend einen
Platz in dessen Kassenfoyer.
Mit Eröffnung des Neubaus des
Museums der bildenden Künste
in der Katharinenstraße im
Jahr 2004 bekam sie dort einen
adäquaten Ausstellungsort.

Erweiterung der Orgel in der Nikolaikirche, 1902/03

Als 1862 Friedrich Ladegast
(1818–1905) die Orgel für die Nikolaikirche gebaut hatte, war dies
alles andere als eine Sparvariante
gewesen. Als eines der größeren Instrumente, die zu dieser
Zeit entstanden, war die Orgel
auch die größte, die der namhafte Weißenfelser Baumeister
je geschaffen hatte. Mit 84 Re-
gistern, vier Manualen sowie
einem offenen Register von
32 Fuß war sie zu damaliger Zeit
auch die größte Orgel Sachsens.
Dennoch wurde das Instrument
1902/03 durch die Orgelbaufirma
Sauer entscheidend modifiziert.
Dieser Umbau ist aus heutiger
Sicht umstritten. Das Instrument wurde an die damals
neuesten technischen Standards
angepasst, vor allem wurden
die mechanischen Schleifladen
durch pneumatische Kegelladen
ersetzt. Im Zuge der Kirchen-
sanierung 2004 wurde auch die
Orgel – dieses Mal durch die
Firma Eule – komplett überholt
und dabei weitgehend das von
Ladegast entworfene Original-
konzept wiederhergestellt. Nach
wie vor ist die Orgel der Nikolaikirche die größte im Freistaat
Sachsen. Als gefragtes Konzert-
instrument hat sie ihren festen
Platz im Leipziger Musikleben.
Sie gilt als ideal für die deutsche
romantische Orgelliteratur.

Karl Straube, Thomasorganist 1903–1918

Karl Straube
Druck einer Fotografie, Bildbeilage zum
»Musikalischen Wochenblatt«, Nr. 40,
Leipzig: C. F. W. Siegel, 1904
Leipzig, Stadtgeschichtliches Museum

Als Karl Straube (1873–1950) im
Jahr 1903 Organist der Thomaskirche wurde, hatte der gerade
einmal 30-Jährige bereits eine
wechselvolle Laufbahn hinter
sich. Der gebürtige Berliner war
ein angesehener Organist, der
nicht allein für seine musikalische Offenheit und sein außer-
ordentliches handwerkliches
Vermögen geschätzt wurde. Sein
Engagement für die Musik seines
Altersgenossen Max Reger ist
ebenso belegt wie die schon früh
in Kritiken und Äußerungen
von Zeitgenossen immer wieder
beschworene interpretatorische
Reife. Straubes Einfluss auf die
deutsche Orgelbewegung seiner
Zeit ist nicht zu unterschätzen.
Das ist besonders bemerkenswert, war Straube doch Autodi-
dakt; zumindest hatte der Sohn
eines Organisten und Harmo-
niumbauers kein akademisches
Studium absolviert. Dennoch
sollte gerade er ab 1908 auch als
Professor für Orgel am Königlichen Konservatorium der
Musik in Leipzig die deutsche
Orgelschule über Generationen
hinweg entscheidend prägen.
Thomasorganist blieb Straube,
bis er 1918 das Amt des Thomaskantors übernahm. Er ist als
Begründer einer kirchenmusikalischen Lehrtradition in Leipzig
zu sehen. Auf seine Initiative
geht die Einrichtung des Kirchenmusikalischen Institutes am
Konservatorium zurück, dessen
Leitung er mehrfach inne hatte.

BILDBEILAGE ZU
MUSIKALISCHES
WOCHENBLATT
Jahrgang 1904, No 40
Leipzig, C.F.W.Siegel's Musikalienhandlung
(R. Linnemann.)

Das Gewandhaus-Quartett, 1910

Das Gewandhaus-Quartett mit Edgar Wollgandt, Karl Wolschke, Karl Hermann und Julius Klengel
Fotografie von E. Hoenisch, 1910
Leipzig, Stadtgeschichtliches Museum

Auf eine gut einhundertjährige Tradition konnte das Ensemble im Jahr 1910 zurückblicken, als das Foto entstand, das vier Leipziger Ausnahmemusiker in äußerster Konzentration zeigt – Edgar Wollgandt, Karl Wolschke, Karl Hermann und Julius Klengel. Vertieft in ihre Stimmen, scheinen sie dennoch der Inbegriff jenes Goetheschen Bildes von den vier vernünftigen Herren im Gespräch zu sein, das der Dichterfürst für das Streichquartett fand. Bereits damals

war das zu den ältesten Berufsquartetten überhaupt zählende Ensemble legendär, galt als Botschafter einer spezifischen Leipziger Musiktradition und war berühmt für ein unverwechselbares Klangbild, das über die Spielergenerationen hinweg zwar – gemäß spieltechnischer Fortschritte – weiterentwickelt, vor allem aber auch weitergegeben wurde. Aufgrund seiner traditionsgemäßen Zusammensetzung aus zwei Konzertmeistern, dem Solobratscher und

dem Solocellisten des Gewandhausorchesters steht das Quartett natürlich auch für die Essenz des weltweit geschätzten strahlenden Klanges der Gewandhausstreicher. Dass es zahllose Werke der kammermusikalischen Königsdisziplin Streichquartett anregte und aus der Taufe hob, ist insofern nicht verwunderlich.

Lebensstil und kulturelle Vielfalt – das »Panorama« am Roßplatz

Das »Panorama« am Roßplatz
Kolorierte Ansichtskarte (Autochrom)
von Louis Glaser, Leipzig, 1905
Leipzig, Privatbesitz

Dem Bedürfnis nach großer Vision folgend, entstand der eindrucksvolle Rundbau am Roßplatz in den 1880er Jahren, um riesige Schlachtenpanoramen zeigen zu können, vor allem solche aus dem Deutsch-Französischen Krieg von 1870/71. Im Laufe der ersten beiden Jahrzehnte des 20. Jahrhunderts ging die Nachfrage nach dieser Art der Unterhaltung spürbar zurück, hatte doch der Film das allgemeine Illusionsinteresse mehr und mehr erobert. »Künstlerspiele« oder »Künstlerspiele Oswald Schlinke« – nach dem Wirt der Einrichtung – nannte sich das Gebäude von nun an und präsentierte neben kleineren Theaterproduktionen vor allem Konzerte und sogenannte »5 Uhr Tees«. Das »Panorama« lockte nicht nur mit dem attraktiven großen Saal, sondern auch mit einem großen Biergarten, der ebenfalls als Veranstaltungsort benutzt werden konnte. Mit unterhaltsamen Konzertprogrammen im Estradenstil und mit Militärmusik rettete sich das »Panorama« bis in die Zeit des Zweiten Weltkriegs. Das Gebäude wurde bei einem Bombenangriff 1943 massiv beschädigt und in den fünfziger Jahren schließlich ersatzlos beseitigt.

Lebensstil und kulturelle Vielfalt – der »Felsenkeller« in Plagwitz

Der »Felsenkeller« in Leipzig-Plagwitz
Kolorierte Ansichtskarte, Verlag Reinhold
Knobbe, Leipzig, 1905
Leipzig, Leibniz-Institut für Länderkunde e. V.

Ballhaus und Ausflugslokal zugleich – der »Felsenkeller«, eines jener Bauwerke, die die Vororte und das nähere Umland der rasant wachsenden Industriestadt Leipzig kulturell beleben sollten, ist mit seinem Glanz und seiner schillernden Geschichte zeittypisch. Seit 1880 gewann Plagwitz im Westen der Stadt durch zahlreiche Industrieansiedlungen an Bedeutung – und durch den »Felsenkeller« an Attraktivität. Der Prunkbau, der breite Publikumskreise mit vielfältigen Vergnügungsangeboten lockte, wurde

in den 1890er Jahren durch die Architekten August Hermann Schmidt (1858–1942) und Arthur Johlige (1857–1937) errichtet. Mit ausladenden neobarocken Formen ersetzte das Gebäude einen weit stärker zweckorientierten Vorgängerbau ganz in der Nähe. Der Saal, der auch als Versammlungslokal der Arbeiterbewegung diente, wurde nicht nur für Tanzveranstaltungen und Kinovorführungen, sondern auch für diverse Konzerte genutzt. Während der DDR-Zeit wurde der im Krieg weitgehend

unbeschädigt gebliebene Bau als Kulturzentrum verwendet, war aber dennoch dem Verfall preisgegeben. Nach einer schrittweisen Sanierung soll der »Felsenkeller« künftig wieder zu einem festen Bestandteil des kulturellen Lebens der Stadt werden.

Hugo Riemann – ein Universalgelehrter wird Professor, 1905

Hugo Riemann
Fotografie, unbezeichnet, beschriftet
(Autograph?), 17. Mai 1889
Frankfurt am Main, Universitätsbiblio-
thek, Porträtsammlung Manskopf

Auf ihn geht die Redensart zurück: »Wenn ich etwas nicht weiß, dann schreibe ich ein Buch darüber.« Musiker und Universalgelehrter in einem, gilt Hugo Riemann als Mit-begründer der Musikwissen-schaft als Universitätsdisziplin. Riemanns Verdienste liegen auf dem Gebiete der Musiktheorie und der musikgeschichtlichen Forschung; seine analytischen Arbeiten zu Beethoven waren über Jahrzehnte prägend für das Beethoven-Bild. Riemann widmete sich zunächst dem Studium verschiedener Geis-teswissenschaften, bis er sich ganz und gar der Kunsttheorie verschrieb. Beeinflusst von den Arbeiten Moritz Hauptmanns (1792–1868) und Hermann von Helmholtz' (1821–1894), entwi-ckelte er einen stark basisthe-oretischen Zugang zu Fragen der musikalischen Wahrneh-mung, aber auch zum Verlauf der Musikgeschichte. Studiert hatte Riemann am Konserva-torium und an der Universität Leipzig. Mit seiner – in Leipzig übrigens abgelehnten – Disser-tation »Über das musikalische Hören« wurde er in Göttingen promoviert. In Leipzig habili-tierte er sich 1878. Nach verschie-denen Stationen wurde Rie-mann schließlich 1905 in Leipzig Professor und 1914 Leiter des durch ihn gegründeten »Staat-lich sächsischen Forschungsin-stituts für Musikwissenschaft«.

Max Reger prägt das Bild der Musikstadt, 1907–1916

Max Reger am Schreibtisch
Fotografie, Ansichtskarte, Verlag von
Breitkopf & Härtel, gesandt von Max und
Elsa Reger an Albertine Zehme, Leipzig,
2. August 1909
Leipzig, Stadtgeschichtliches Museum

Als »maßlos« beschrieben ihn
Zeitgenossen – maßlos in der
Intensität, in seinem Lebensstil,
aber auch in dem Arbeitspensum,
das er sich selbst auferlegte als
Komponist, Dirigent und Lehrer.
Als Wegbereiter der Moderne aus
der Musiktradition heraus prägte
der aus der Pfalz stammende
und nicht zuletzt durch Hugo
Riemann in Musiktheorie und
Komposition unterwiesene Max
Reger (1873–1916) das deutsche
Musikbild seiner Zeit. Spätestens
von 1907 an waren sein Leben
und Schaffen aufs Engste mit
den musikalischen Institutionen
Leipzigs verknüpft. Zeitgleich mit
seiner Berufung zum Universi-
tätsmusikdirektor wurde Reger
in jenem Jahr auch Professor am
Königlichen Konservatorium in
Leipzig, ein Posten, den er bis zu
seinem Lebensende bekleidete,
während er den anderen nach
einem Jahr intensiver Arbeit
wieder aufgab. Nicht zuletzt
die Künstlerfreundschaft mit
Karl Straube, der bereits 1898 in
Frankfurt am Main die Orgelsuite
des Altersgenossen uraufgeführt
hatte, führte zu einer weiteren
festen Bindung an Leipzig. Die
Sauer-Orgel in der Thomaskirche
scheint untrennbar mit Max Regers Orgelwerk verbunden. Das
Gewandhausorchester besorgte
1908 bzw. 1910 die Uraufführungen von Regers Konzerten für
Violine und Orchester A-Dur und
für Klavier und Orchester f-Moll.

Einweihung des Neuen Bach-Denkmals, 1908

Die Einweihung des Bach-Denkmals auf dem Thomaskirchhof
Fotografie (Glasplatte) von Kirsten, 17. Mai 1908
Leipzig, Stadtgeschichtliches Museum

Zur Hälfte durch die Stadt Leipzig und zur anderen Hälfte durch private Spenden finanziert, ist das Neue Bach-Denkmal am Thomaskirchhof – nur wenige Meter entfernt vom Alten Bach-Denkmal, das Felix Mendelssohn Bartholdy gestiftet hatte – ein Dokument wahrhaften bürgerschaftlichen Engagements. Insofern ist es nicht verwunderlich, dass Oberbürgermeister Bruno Tröndlin (1835–1908) das Denkmal in seiner Rede zur Einweihung quasi unter den Schutz der Stadt stellte. Diverse Streitigkeiten – vor allem um den richtigen Standort – waren der Einweihung am 17. Mai 1908 vorausgegangen, die im Zentrum eines dreitägigen Bachfestes stand. Schließlich fiel die Wahl auf den Standort des Leibniz-Denkmals auf dem Thomaskirchhof, das in den Paulinerhof der Universität umgesiedelt wurde. Auf dem gut drei Meter hohen Postament steht mit Blick auf das heutige Bach-Museum eine 2,45 Meter hohe Figur des berühmtesten Thomaskantors.

Der Entwurf der Bronzefigur stammt von dem Bildhauer Carl Seffner (1861–1932), der dafür mit dem Anatomen Wilhelm His (1831–1904) zusammengearbeitet hatte, auf dessen Arbeit die Identifizierung des Schädels von Bach zurückgeht. Trotz großer Bemühungen um anatomische Authentizität spiegelt sich in dem Entwurf auch das musikalische Selbstverständnis der Zeit – nicht zuletzt in der umgebenden Ornamentik und der dem Musiker beigegebenen Orgel.

Das erste Bachfest, 1908

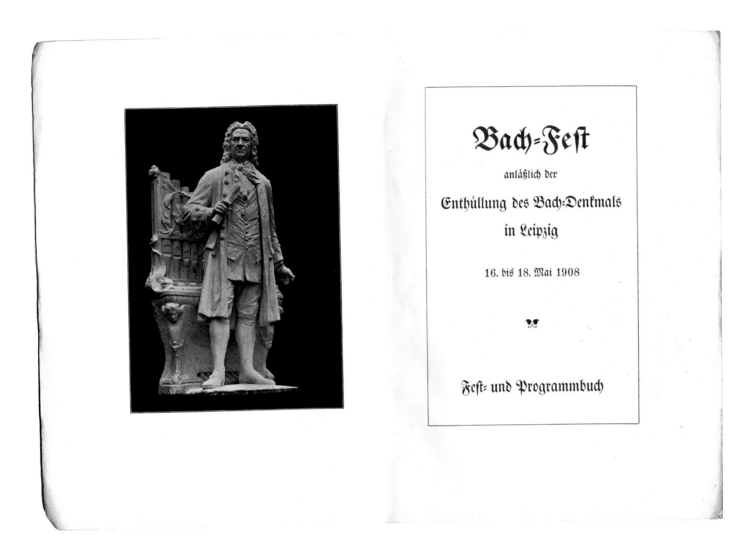

Bach-Fest anläßlich der Enthüllung
des Bach-Denkmals in Leipzig 16. bis
18. Mai 1908. Fest- und Programmbuch
Buchdruck
Verlagsarchiv

Die Enthüllung des Neuen Bach-Denkmals auf dem Thomaskirchhof im Jahr 1908 war Anlass für das erste Bachfest, das die Stadt Leipzig organisierte. Der spätere Thomaskantor Karl Straube gehörte zu den treibenden Kräften. Einen Vorläufer, initiiert durch die Neue Bachgesellschaft, hatte es bereits 1904 gegeben. In Fest wie Denkmal dokumentiert sich ein aufkeimendes Interesse an der musikalischen Tradition bzw. an der Selbstbegründung in einer überragenden Vergangenheit, die für die Gegenwart und Zukunft aufgearbeitet und bewahrt werden soll. Die Mischung von überregionaler Tradition mit regionalen Tendenzen war von Anfang an angelegt. 26 Mal fand dieses Festival – zum Teil unter anderem Namen – bis 1989 statt, dabei nicht selten auch in Verbindung mit dem Versuch einer politischen Vereinnahmung des Bachschen Erbes in die eine oder andere Richtung. Diese Ansätze allerdings wurden relativiert durch die Tatsache, dass die Neue Bachgesellschaft auch in der Zeit der deutschen Teilung eine gesamtdeutsche Vereinigung blieb. Erst 1999 wurde das Bachfest per Stadtratsbeschluss zu einer jährlich stattfindenden Einrichtung gemacht und das Bach-Archiv mit seiner Organisation betraut.

Vollendung der romantischen Sauer-Orgel in der Thomaskirche, 1908

Der Thomanerchor auf der Orgelempore
der Thomaskirche
Fotografie von Fotoatelier Winter, um
1930
Leipzig, Stadtgeschichtliches Museum

Auch wenn die Orgeltradition in der Thomaskirche weit in die Vergangenheit zurückreicht, ist das heute älteste Instrument des Gotteshauses ein großes romantisches Werk auf der westlichen Empore, das die Firma Sauer 1889 vollendete und 1908 entscheidend überarbeitete. Dabei wurden die zunächst 63 Stimmen auf 88 erhöht. Das Instrument, auf dem Karl Straube weite Teile des Orgelwerkes von Max Reger aus der Taufe hob, ist ein gefragtes romantisches Konzert-instrument. Der spätere Thomaskantor hatte entscheidenden Anteil an der Etablierung einer romantischen Orgeltradition in Leipzig, und auch die Erweiterung der Disposition der Sauer-Orgel ging auf Straubes Anregung zurück. Das Instrument erfuhr in den 1930er bis 1960er Jahren mehrfach umstrittene Überarbeitungen, insbesondere neobarocke Aufhellungen waren gebräuchlich. Zuletzt wurde die Orgel 2005 durch Christian Scheffler (geb. 1952) überholt und nachintoniert. Dabei wurde der Originalzustand des Jahres 1908 wiederhergestellt. Heute ist die Kirche an jenen Sonnabenden innerhalb der Sommerferien, an denen die Thomaner ihre freien Tage genießen, während der Zeiten der Motette Schauplatz des BachOrgelFestivals. Hier erklingt neben der Bach-Orgel auch die romantische Sauer-Orgel, die für viele Organisten aus aller Welt ein besonderer Anziehungspunkt ist.

Der Richard-Wagner-Verband Deutscher Frauen wird gegründet, 1909

Leipziger Palmengarten. Gesellschafts- und Palmenhaus.

Das Gesellschafts- und Palmenhaus des Leipziger Palmengartens
Kolorierte Ansichtskarte (Autochrom), Verlag von Louis Glaser, Leipzig, 1905
Leipzig, Leibniz-Institut für Länderkunde e. V.

Es zeigt die soziale Rolle des Werkes von Richard Wagner und dessen Integration ins bürgerliche Bewusstsein, dass ausgerechnet im Leipziger Gesellschaftshaus Palmengarten im Jahre 1909 der »Richard-Wagner-Verband Deutscher Frauen« gegründet wurde. Die Einrichtung gilt als Vorläufer bzw. ideelle Keimzelle des bis in die Gegenwart international agierenden Richard-Wagner-Verbandes. Die Initiative ging auf eine junge Lehrerin zurück und bezog sich explizit

auf eine Anregung des Meisters selbst, der wenige Monate vor seinem Tod geäußert haben soll, wie sehr es im Sinne seiner Kunst wäre, dem künstlerischen Nachwuchs die Teilnahme an den Bayreuther Festspielen zu erleichtern. Anna Held (1872–1918) verfolgte das Ziel der Bewahrung und Vermittlung des Wagnerschen Erbes durch eine Stipendienstiftung, die den Zugang zu Wagner vom wirtschaftlichen Hintergrund lösen sollte. Bis heute ermöglicht die daraus

hervorgegangene Stiftung jungen Künstlern den kostenfreien Zugang zu den Bayreuther Festspielen. Die Gründung hatte Vorbildfunktion für zahlreiche Verbände im ganzen Land und setzte explizit auf ein Konzept, das heute bürgerschaftliches Engagement genannt wird. Unter seinem alten Namen 1945 aufgelöst, wurde die Arbeit als Richard-Wagner-Verband in Westdeutschland bereits 1949 fortgesetzt. 1989/90 nahmen auch in Leipzig die Wagnerianer ihre Arbeit wieder auf.

Tod Julius Blüthners, 1910

Hammerkopfmacherei und Rahmen-
montage in der Pianofortefabrik Julius
Blüthner
Fotografien (Drucke) aus der Festschrift
50 Jahre Julius Blüthner, Leipzig, 1903
Leipzig, Stadtbibliothek, Musikbibliothek

Kontinuierlich hatte Julius Blüthner (1824–1910) seine Firma im
Laufe der zweiten Hälfte des
19. Jahrhunderts zu einer der
größten Klaviermanufakturen
Europas ausgebaut. Die Jahres-
produktion stieg bis zum Jahr
1903 auf 3000 Stück. Die Tatsache,
dass sich zu Jahrhundertbeginn
auch diverse andere Klavierbau-
firmen in Leipzig niedergelassen
hatten – wie Schimmel, Feurich
oder Hupfeld –, erwies sich
keinesfalls als nachteilig für das
Geschäft. Darüber hinaus schuf
sich die Firma auch auf dem
Markt der Reproduktionsinstru-
mente eine Position, insbesondere durch Kooperation mit
der Firma Hupfeld, mit deren
System »Phonola« ein Teil der
Blüthner-Produktion ausgestattet wurde. Der Tod des Firmen-
gründers am 13. April 1910 stellte
keinen Einschnitt in der Firmengeschichte dar, vielmehr war es
der Erste Weltkrieg, der sich wirtschaftlich deutlich bemerkbar
machte – sowohl beim Rückgang
der Nachfrage nach Klavieren für
den Export als auch durch die
Belastung der Produktion durch
Heereslieferungen und Kriegsdienst. Dennoch gelang es den
Blüthner-Söhnen, die Produk-
tionsleistung ab 1919 bis zum
Beginn des Zweiten Weltkrieges
erneut zu steigern. Das Interesse
der Zeit vor dem Ersten Weltkrieg an Selbstspielinstrumenten
kehrte allerdings nicht zurück.

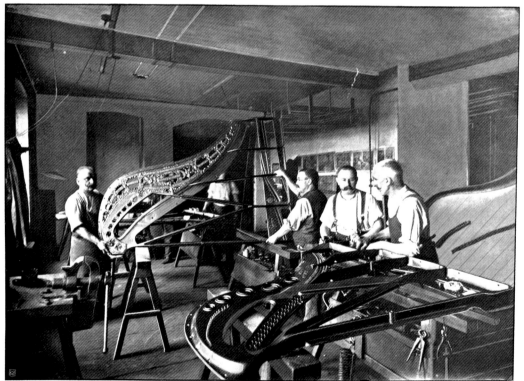

Albertine Zehme gibt »Pierrot Lunaire« in Auftrag, 1912

Albertine Zehme
Gemälde, Öl auf Leinwand, von Gustav
Wustmann d. J., 1899
Leipzig, Stadtgeschichtliches Museum

Nicht das offensichtlichste Merkmal, aber dennoch ein prägender Unterschied zwischen dem bürgerlichen Musikleben in einer Stadt wie Leipzig und jenem, das noch zu Jahrhundertbeginn in zahlreichen höfisch geprägten Städten geführt wurde, sind die Karrieren von Künstlerinnen. Die Entscheidung »Kunst oder bürgerliches Leben« war, betrachtet man Biografien der Zeit, nicht mehr so absolut wie andernorts. Ein lebendiges Beispiel hierfür war die Leipziger Rechtsanwaltsgattin und Diseuse Albertine Zehme (1857–1946). Aus heutiger Sicht ist es wahrscheinlich das musikhistorische Hauptverdienst der Künstlerin, Arnold Schönberg zu seiner Komposition »Pierrot Lunaire« angeregt zu haben. Der ursprüngliche Auftrag ließ dem Komponisten nahezu absolute Freiheit. Die Wahl des Gedichtzyklus von Albert Giraud dürfte allerdings die offenbar außerordentlichen expressiven Möglichkeiten Zehmes im Blick gehabt haben, die die Uraufführung, die in Berlin und nicht in Leipzig stattfand, gestaltete und der das Werk »in herzlicher Freundschaft« gewidmet ist. Der erste Aufführungszyklus des heute als Klassiker der Moderne geschätzten Opus wurde von Publikum und Kritik kontrovers diskutiert.

Hochkonjunktur des Varietés – der »Krystallpalast«

Leipzig. Wintergartenstraße mit Krystallpalast
Kolorierte Ansichtkarte, um 1910
Leipzig, Leibniz-Institut für Länderkunde e. V.

»Varieté« hieß das Zauberwort der Unterhaltungskultur des frühen 20. Jahrhunderts. Nicht mehr und nicht weniger als »Vielfalt« bedeutet es – Vermischtes in dem Sinne, dass Auge und Ohr, aber auch der Geist bedient werden. Leipzig entwickelte sich in den Jahren vom Jahrhundertbeginn bis zur Machtübernahme der Nationalsozialisten zu einer Hochburg des Varietés. Entscheidenden Anteil daran hatte eine Einrichtung: der »Krystallpalast«. Er reprä-sentierte deutschlandweit den größten Unterhaltungstempel, der neben einem großen Kuppelsaal auch diverse andere der Zerstreuung dienende Angebote bereithielt: Restaurants, Cafés, Bars, später ein Filmtheater. Der Alberthalle genannte Saal mit seinen rund 3000 Plätzen war tatsächlich eine Heimstatt des Varietés. Kein Großer der Zeit, der nicht auch im »Krystallpalast« aufgetreten wäre: der frühe Otto Reutter (1870–1931) oder Josephine Baker (1906–1975), Benjamino Gigli (1890–1957) oder die Comedian Harmonists. Doch auch die sogenannte seriöse Kunst hatte ihren Platz – Arthur Nikisch begründete hier 1918 die Leipziger Tradition der Aufführungen von Ludwig van Beethovens Neunter Sinfonie zu Silvester; Frank Wedekinds »Erdgeist« wurde hier 1898 uraufgeführt. Als zeitgemäße architektonische Attraktion aus Stahl und Glas verlieh der »Krystallpalast« Leipzig einen fast schon metropolenhaften Charakter.

Hochkonjunktur des Varietés – das »Haus Dreilinden«

Das Gesellschaftshaus Drei Linden an
der Dreilindenstraße 28
Fotografie, Atelier Hermann Walter, um
1920
Leipzig, Stadtgeschichtliches Museum

Als Ausflugslokal hatte das »Haus
Dreilinden« im heutigen Stadtteil Leipzig-Lindenau bereits
eine bis ins frühe 18. Jahrhundert
zurückreichende Geschichte –
selbst Napoleon soll hier Station
gemacht haben. Zu Beginn des
20. Jahrhunderts begründete
es eine nicht minder wechselvolle Geschichte als Theater. Es
war vor allem dem allgemeinen
Bedürfnis nach Vergnügung und
Zerstreuung, der Nachfrage nach
Unterhaltung geschuldet, dass
ein grundsätzlicher Umbau im

Jahre 1912 aus dem Gasthaus ein
variables Theater mit Festsaal,
Bühne und Empore werden
ließ, das natürlich seinen Aus-
schank behielt. Mitten in einer
Wohnhäuserzeile gelegen, war
diese architektonische Lösung
zumindest in Deutschland damals etwas Besonderes. Anders
als im »Krystallpalast« waren es
nicht die ganz großen Namen,
derentwegen man ins »Haus
Dreilinden« ging, sondern eine
spezielle Atmosphäre, die ein
biedereres Unterhaltungskon-

zept bediente, aber auch sehr
bewusst die Nähe zum unterhaltsamen Theater suchte. Komödie
und Operette hatten schon in
jener Zeit ihren Platz im Repertoire des Hauses, das in der Gegenwart Leipzigs kommunales
Operettentheater beherbergt.
Auch als Ballsaal wurde die Einrichtung konsequent genutzt.

Max Reger stirbt in Leipzig, 1916

Max Reger auf dem Totenbett
Zeichnung mit schwarzer und weißer
Kreide von Max Klinger, 1916
Leipzig, Museum der bildenden Künste

Wie ein Lauffeuer verbreitete sich die Nachricht in der Musikwelt: Max Reger ist in Leipzig gestorben. Noch am 11. Mai 1916 schrieb Adolf Wach (1843–1926) an Albrecht Mendelssohn Bartholdy (1874–1936): »Mein lieber Albrecht! Ich komme eben von Regers Totenbett. Er lag noch so, wie man ihn am Morgen gefunden hatte: etwas tief herabgesunken, aber nicht übergebeugt, auf dem Rücken, ohne irgendwelche Spuren eines Kampfes oder einer Not; der Ausdruck ganz ruhig und lebensvoll; in der Hand eine Zeitung. Der rechte Arm ist herabgesunken gewesen; den hatte man hinaufgelegt. Das Licht hatte am Morgen noch gebrannt. Das alles deutet auf einen plötzlichen, schmerzlosen Tod. Am Abend war er mit Anschütz und einigen anderen Herren bei Hannes zusammen gewesen, und da hat es ihn überfallen; Atemnot, Angstschweiß, so daß Straube ihn ins Hotel Hentschel brachte und den Arzt Jerome Lange rief. Der kam auch gleich, untersuchte, fand angeblich das Herz in Ordnung, gab aber Morphium. Als er heute früh wiederkehrte, fand er die Leiche noch warm, so daß er annimmt, der Tod sei etwa drei Stunden vorher eingetreten.« Beerdigt wurde Reger zunächst am Wohnsitz der Familie in Jena, später wurde sein Leichnam nach München überführt. Der Leipziger Bildhauer Seffner, der auch das Neue Bach-Denkmal geschaffen hatte, nahm die Totenmaske.

34

Karl Straube, Thomaskantor 1918–1939

Probe des Thomanerchores unter Karl Straube
Fotografie, Atelier E. Hoenisch, um 1930
Leipzig, Stadtgeschichtliches Museum

Es war eine für den Thomanerchor außerordentlich schwierige Zeit, in der Karl Straube nach dem Ersten Weltkrieg als Thomaskantor quasi den künstlerischen Neubeginn in die Hände nahm. Bis zu diesem Zeitpunkt Thomasorganist, folgte der Musiker Gustav Schreck (1849–1918), der das Amt des Thomaskantors seit 1893 bekleidet hatte. Straube hob mit der öffentlichen Präsenz auch das Ansehen des Klangkörpers. Auf die Initiative des Thomaskantors geht die bis heute reichende Tradition der freitäglichen Motette zurück, die zusätzlich zur samstäglichen Motette bzw. Kantate veranstaltet wird. In der Ära Straube entstand auch die internationale Reputation des Thomanerchores. Unter seiner Leitung machte das Ensemble seine erste Auslandsreise – 1920 nach Norwegen und Dänemark. Obendrein nutzte der Musiker konsequent die Möglichkeiten des noch jungen Mediums Rundfunk. Umstritten ist Straubes Wirken in der NS-Diktatur. 1933 gehörte der Thomaskantor zu den Unterzeichnern der »Erklärung Kirchenmusik im Dritten Reich«. Der bekennende Nationalsozialist überführte im Rahmen der Reichsmusiktage 1937 den Thomanerchor in die Hitlerjugend, bevor er 1939 die Geschäfte an Günther Ramin (1898–1956) übergab. Dennoch wurde Straube nach Prüfung seiner politischen Tätigkeit durch den Antifaschistisch-Demokratischen Block bereits im Herbst 1945 rehabilitiert.

Alfred Baresel schreibt in Leipzig Feuilletongeschichte, 1921–1933

Alfred Baresel: Das Jazz-Buch. Anleitung zum Spielen, Improvisieren und Komponieren moderner Tanzstücke. Leipzig: Julius Heinrich Zimmermann, 1925
Umschlag
Leipzig, Deutsche Nationalbibliothek

Dass Alfred Baresel (1893–1984) in der Rezeption der Musikpublizistik des frühen 20. Jahrhunderts nur eine periphere Rolle spielt, ist gewiss unverdient. Ausgebildet in seiner Geburtsstadt Leipzig bei Hugo Riemann, Arnold Schering (1877–1941), Arthur Seidel und Robert Teichmüller (1863–1939), repräsentiert Baresel den Typus des rundum gebildeten Musikgelehrten, der sein Wirken in den Dienst der Musik seiner Zeit und der musikalischen Allgemeinbildung stellt. Auf dieser Basis wurde er zur musikkritischen Instanz neuen Typs und begründete eine Leipziger Kritikertradition. Ab 1921 schrieb er für die liberale »Neue Leipziger Zeitung«. Er zählte zu den Begründern der deutschen Jazzbewegung und schrieb eines der weltweit ersten Bücher über diese neuartige Musikrichtung. Vor allem wegen seines publizistischen Einsatzes für die amerikanische Unterhaltungsmusik und für zahlreiche komponierende Zeitgenossen, die nicht im Sinne der neuen Machthaber waren, erhielt der vielseitige Gelehrte 1933 Publikationsverbot. Nach dem Krieg lehrte und schrieb Baresel in Westdeutschland, an seinen Vorkriegsruhm konnte er allerdings nicht mehr anknüpfen, und auch das erste Jazzbuch im deutschen Sprachraum fiel der Vergessenheit anheim.

Wilhelm Furtwängler, Gewandhauskapellmeister 1922–1928

Wilhelm Furtwängler (Mitte) mit dem
Gewandhausorchester vor dem Neuen
Konzerthaus an der Beethovenstraße
Fotografie, 1927
Leipzig, Stadtgeschichtliches Museum

Es war eine jener Phasen, die –
kurz, aber intensiv – die Entwicklung des Musiklebens in
Leipzig nachhaltig prägten. Wilhelm Furtwängler (1886–1954),
über Jahre der Inbegriff deutscher Dirigierkunst, löste 1922
als Gewandhauskapellmeister
den plötzlich verstorbenen
Arthur Nikisch ab, der zuvor
die Orchesterentwicklung mit
Vehemenz in eine bestimmte
Richtung gelenkt und Orchester
und Publikum insbesondere
für das romantische Konzertrepertoire sensibilisiert hatte.

Diesen Trend setzte Furtwängler fort, der sich nicht zuletzt als
Wagner- und Strauss-Interpret
einen Namen machte. Darüber
hinaus sorgte er auch für die
Präsenz des Gewandhausorchesters im Rundfunk – zahlreiche
Archivdokumente zeugen vom
für damalige Zeiten bemerkenswerten Niveau des Klangkörpers. Wie sein Vorgänger leitete
Furtwängler parallel das Berliner
Philharmonische Orchester, dem
er über seine Amtszeit in Leipzig hinaus weiterhin vorstand.
Furtwängler, dessen Beethoven-

Interpretationen für ihre Zeit
maßstabsetzend waren, stützte
sich insbesondere während
seiner Leipziger Jahre massiv
auf den theoretischen Ansatz
Heinrich Schenkers (1868–1935),
der in dieser Zeit auch im deutschen Sprachraum viel diskutiert wurde, nach dem Zweiten
Weltkrieg aber fast ausschließlich im anglophonen Wissenschaftsraum Beachtung fand.

Das erste Rundfunkorchester Deutschlands, 1923

Der große Senderaum der MIRAG in der
Alten Waage am Leipziger Markt
Fotografie, 1924
Leipzig, Stadtgeschichtliches Museum

Mit Blick auf ein neues Medium wurde im Januar 1923 das Leipziger Sinfonie-Orchester gegründet, das bald direkt vorm Mikrofon im Sendesaal Konzerte spielte, die durch die Mitteldeutsche Rundfunk AG (MIRAG) in den Äther geschickt wurden. Das Leipziger Rundfunkorchester hatte in der Alten Waage am Leipziger Markt seinen Proben- und Sendesaal. Die Orchestergründung fiel auf fruchtbaren Boden, zumal die Diskussion um ein zweites Konzertorchester ebenso virulent war wie die Erfahrung diverser Kapellen – das Winderstein-Orchester, das Willy-Wolf-Orchester, das Grotrian-Steinweg-Orchester und andere. Die Möglichkeit eines zweiten Orchesters wird, nicht zuletzt bei Adorno, zu einer faszinierenden Kategorie der Musiksoziologie. Die Existenz des Rundfunks und eines Rundfunkorchesters wurde in Funk- und Musikzeitschriften ausführlich diskutiert, wobei sich Pro und Contra die Waage hielten. Die Vorstellung, das Elite-Gut Musik nun allen Schichten zugänglich zu machen, stand der Angst vor einem Verlust der Vielfalt gegenüber. Die Idee, dass ein einziges Orchester via Rundfunk das Land bespielen und dadurch zahllose Musiker arbeitslos werden könnten, tauchte immer wieder auf. Auch die eher zweifelhafte technische Übertragungsqualität wurde thematisiert und damit einhergehend die Notwendigkeit, eine adäquate Musik für den Rundfunk zu schreiben.

Musikalische Avantgarde im Radio, 1923–1933

Alfred Szendrei als Dirigent
Fotografie, um 1930
Saarbrücken, Archiv J. G. Seume-Verlag

Ein wenig schien das Konzept der frühen Musik im Rundfunk jenem Prinzip zu folgen, das rät, aus der Not eine Tugend zu machen. Denn die Produktions- und Übertragungsbedingungen im Radio der 1920er Jahre waren noch überaus bescheiden. Auf der Suche nach adäquaten Musiken und Darbietungsformen für das neue Medium bot sich der Rundfunk gewissermaßen von selbst als Experimentierfeld an, als eine Art »Spielwiese« für avantgardistische Musikkon-

zepte. Und dies nicht zuletzt, weil sich das Radio ja in seinem eigenen Existenzanspruch Innovation auf die Fahnen geschrieben hatte. Insofern wurde auch der Leipziger Sender mit seinem Klangkörper schnell und nachhaltig zu einer festen Adresse in Sachen Neuer Musik. Hans Pfitzner (1869–1949) und Arnold Schönberg (1874–1951), der damals sehr junge Yehudi Menuhin (1916–1999), der ohnehin für die technischen Medien glühende Paul Hindemith – die

Liste der Künstler, mit denen die Leipziger MIRAG in dieser Zeit kooperierte, liest sich wie ein »Who is who« der Avantgarde-Musik der ersten Hälfte des 20. Jahrhunderts. Alfred Szendrei (1884–1976), einer der Pioniere der Rundfunkmusik überhaupt, prägte die Entwicklung der musikalischen Aktivitäten der MIRAG als Kapellmeister, Organisator und Komponist in entscheidendem Maße – bis zur Machtergreifung der Nationalsozialisten.

39

Ein Chor für den Rundfunk, 1924

Alfred Szendrei (vorn Mitte) und die
Leipziger Oratorienvereinigung vor der
Alten Börse
Fotografie, 1926
Leipzig, Archiv des MDR

Als der Rundfunkmusikpionier
Alfred Szendrei mit Blick auf
eine Aufführung von Joseph
Haydns Oratorium »Die Schöpfung« am 14. Dezember 1924 –
die erste Oratorien-Aufführung
im Rundfunk überhaupt – ver-
sierte und stimmlich geeignete
Sänger für einen rundfunkfä-
higen Chor suchte, ahnten wohl
weder die Beteiligten noch
die Radiohörer, dass damit der
Grundstein für einen der anerkanntesten professionellen
Konzertchöre der Welt bis in die

Gegenwart hinein, den heutigen
MDR Rundfunkchor, gelegt
wurde. Als Leipziger Oratorienvereinigung hatte Szendrei – offenbar verhältnismäßig kurz-
fristig – vornehmlich fähige
Sänger des Gewandhauschores
versammelt. Um Flexibilität
ging es ihm im Besonderen.
Hier knüpfte er deutlich an eine
Idee an, die die Chance radio-
phoner Musik vor allem in der
Vielfalt sah. Schnell mussten sich
die Sänger ein rundfunktaug-
liches Repertoire erobern, das

vornehmlich herausragende
Opernaufführungen, aber auch
dem Namen gemäß mehr und
mehr Oratorien beinhaltete.
Fortan ging die Oratorienvereinigung regelmäßig auf Sendung.
Ab 1934 firmierte der Klangkörper unter dem Namen »Chor
des Reichssenders Leipzig«.

Walther Brügmann, Operndirektor 1924–1933

Walther Brügmann und Ernst Krenek
Fotografie, um 1927
Leipzig, Stadtgeschichtliches Museum

Es war nicht nur eine Rückkehr an seinen Geburtsort, sondern auch an eine seiner ersten Wirkungsstätten. Walther Brügmann (1884–1945) war, bevor er 1924 als Operndirektor an die Bühnen Leipzigs berufen wurde, als Schauspieler und Sänger, aber auch als Regisseur an verschiedenen deutschen Stadttheatern engagiert gewesen. In seiner Geburtsstadt hatte er sein Schauspiel- und sein (Schauspiel-) Regiedebüt gegeben, und nun sollte er das Bild einer Musik-

stadt nachhaltig durch sein Engagement für zeitgenössisches Musiktheater prägen – nicht zuletzt gemeinsam mit dem musikalischen Leiter Gustav Brecher (1879–1940). Im Neuen Theater setzte das Duo in jenen Jahren mit Produktionen wie den Uraufführungen von Ernst Kreneks »Jonny spielt auf« (10. Februar 1927) oder Kurt Weills »Aufstieg und Fall der Stadt Mahagonny« (9. März 1930) Akzente. Aber auch in der Etablierung eines zeitgenössischen Reper-

toires insgesamt machte sich das Wirken Brügmanns nachhaltig bemerkbar, wobei die Kritik generell seine Regiekonzepte als absolut zeitgemäß würdigte. Der Regisseur verließ Leipzig 1933 für ein Engagement am Staatstheater in München und ging kurz darauf nach Berlin. Allerdings stieß sein Regietheater nicht auf das Wohlwollen der neuen nationalsozialistischen Machthaber – er wurde mit Berufsverbot belegt.

Heinrich Wiegand, Musikkritiker der »Leipziger Volkszeitung«, 1924–1933

Heinrich Wiegand am Klavier
Fotografie, um 1930
Leipzig, Slg. Klaus Pezold

Letztlich ist es auch dieses Bild des Literaten, das die Kultur der Zeit prägt. Heinrich Wiegand (1895–1934) war ein typischer Fall der allgemeingebildeten kunstsinnigen »Edelfeder«, die mit so vielen Talenten ausgestattet ist, dass sie sich kaum auf ein einzelnes reduzieren lässt. Ein Feuilletonist mit höchsten Ansprüchen war der Lehrer und Pianist, als er 1924 begann, für die »Leipziger Volkszeitung« zu schreiben. Konzert- und Theaterkritiken waren es vornehmlich, mit denen er das kulturelle Leben der Stadt reflektierte und einen ebenso charmanten wie nachhaltigen Einfluss ausübte. Der 1895 im heutigen Stadtteil Lindenau geborene Gelehrte wurde beeinflusst durch die früh und bewusst gemachte Erfahrung des Ersten Weltkrieges, in dem er in englische Kriegsgefangenschaft geraten war. Nach Leipzig zurückgekehrt, begann er für unterschiedliche Medien zu schreiben – Glossen, Feuilletons und Kritiken entstanden neben seiner Arbeit als Kabarettpianist und Volksschullehrer. Letztere Tätigkeit übte er bis 1928 aus. Seine literarischen Arbeiten sind getragen von der Freundschaft mit zahlreichen großen Schriftstellern, darunter nicht zuletzt Hermann Hesse (1877–1862). Wiegand ging unmittelbar nach der Machtergreifung der Nationalsozialisten ins Exil, wo er bereits Anfang 1934 verstarb.

Das Königliche Konservatorium wird Landeskonservatorium, 1924

Leipzig. Königl. Konservatorium der Musik.

Leipzig. Königl. Konservatorium der
Musik
Kolorierte Ansichtskarte, 1905
Leipzig, Leibniz-Institut für Länderkunde e. V.

Mit der Gründung der Weimarer Republik 1919 gingen die Rechtsgrundlagen der Einrichtungen des verflossenen Königreiches Sachsen verloren. Obwohl es sich vielfach lediglich um einen formalen Akt handelte, gingen die Überführungen in die neuen Verwaltungsstrukturen nur langsam voran. So dauerte es bis 1924, bis das Königliche Konservatorium in Leipzig zum Landeskonservatorium der Musik zu Leipzig wurde. Strukturell scheint diese Entscheidung kaum von Bedeutung gewesen zu sein. Das Konservatorium hatte weiterhin seinen Sitz in dem Mitte der 1880er Jahre errichteten Gebäude in der Grassistraße 8. Der nach dem Ersten Weltkrieg allmählich wieder in Gang gekommene Lehrbetrieb – mit Kriegsbeginn war es zu einer desaströsen Zwangsexmatrikulation ausländischer Studenten gekommen – lief mehr und mehr in geordneten Bahnen und erreichte schnell wieder das Ansehen der Vorkriegszeit, wobei namentlich die Kontinuität im Bereich der Kirchenmusik weit in die Welt hinaus strahlte. Auch an der Tradition der engen Verbindung der Hochschule mit den anderen musikstädtischen Säulen, beispielsweise durch die Verpflichtung herausragender Gewandhausmusiker als Lehrer am Konservatorium, änderte sich nichts.

Die Uraufführung von »Jonny spielt auf«, 1927

Zur Uraufführung von Ernst Kreneks
Oper »Jonny spielt auf« im Neuen Thea-
ter, Leipzig
Zeitungsausschnitt aus den »Leipziger
Neuesten Nachrichten«, 1927
Leipzig, Stadtgeschichtliches Museum

Es war eine kurze und turbulente
Blütezeit, die das Werk erlebte,
nach einer spektakulären Uraufführung am 10. Februar 1927
im Neuen Theater. Eine Oper, in
der der Held ein Schwarzer ist,
Jazzelemente eine tragende musikalische Rolle spielen und ein
Saxophon besetzt ist – das war
bis dahin noch nicht da gewesen.
Allerdings traf das Werk aus der
Feder des Komponisten Ernst
Krenek (1900–1991) auf einen
ambivalenten Zeitgeist. Aus dem
Geiste der »Roaring Twenties«

heraus entstanden und auch zumindest auf künstlerischer Ebe-
ne zur Uraufführung von einer
solchen Welle getragen, wurden
schon am Ende desselben Jahres
Aufführungen in Wien und kurz
darauf in München gestört durch
nationalistisch geprägte Proteste. Nach der Machtergreifung
durch die Nazis wurde »Jonny
spielt auf« als »entartet« ver-
boten. Später schrieb das Werk
traurige Geschichte, als das zur
Uraufführung geschaffene Plakat
als Werbung zur Ausstellung

»Entartete Musik« 1938 in Berlin
missbraucht wurde. Absolut
außergewöhnlich war die Oper
allerdings auch, weil der Komponist mit seinem Titelhelden eine
Künstlerfigur schuf, in der sich
die Tragik des Schöpferischen
in dieser rasanten Zeit spiegelt.

Offener Empfang für eine skandalumwitterte Künstlerin, 1929

Josephine Baker persönlich. Krystall-
Palast-Varieté, 16.–31. Januar 1929
Plakat, Druck: Edgard Herfurt & Co.,
Leipzig, 1929
Leipzig, Stadtgeschichtliches Museum

In ganz Europa sorgten die
Auftritte der Varietékünstlerin
Josephine Baker für Aufruhr.
Weit über das übliche Maß der
Metropole des Revuetheaters
hinaus waren ihre Auftritte in
Paris – nicht nur der legendäre
Tanz im Bananenkostüm – beachtet worden. Als Sängerin und
Tänzerin bediente die Dunkel-
häutige einen nicht unumstrit-
tenen Exotismus und provo-
zierte den vergnügungssüchtigen
»weißen« Varietébesucher. Auf
ihrer Tour durch Europa soll
es der Presse zufolge nahezu
überall zu Stürmen des Aufruhrs
gekommen sein; das Leipziger
Plakat enthielt daher den ungewöhnlichen Aufdruck: »In Oslo,
Kopenhagen mußten berittene
Schutzleute den ungeheuren
Publikumsandrang fernhalten.
Wir können daher die Zugan-
kunft nicht mitteilen.« Doch statt
einen Skandal hervorzurufen,
triumphierte Josephine Baker im
Leipziger »Krystallpalast«. Zwei
Wochen lang im Januar 1929
begeisterte sie im sparsamen
Kostüm mit Charme, Ausdrucks-
kraft und Exotik Publikum und
Kritik gleichermaßen. Das war zu
dieser Zeit nicht selbstverständ-
lich, zeugt aber von der allgemeinen Offenheit und Toleranz des
Leipziger Publikums. Angesichts
der Größe des Palastes und der
Zahl der Vorstellungen dürfte es
sich dabei auch kaum um eine
Minderheit gehandelt haben.

Eröffnung des Musikinstrumentenmuseums der Universität Leipzig, 1929

Ausstellungssaal im Erdgeschoss des
Museums für Musikinstrumente
Fotografie, 1929
Leipzig, Universität, Museum für Musikinstrumente

Es muss ein spektakulärer Triumph gewesen sein, als die Musikinstrumentensammlung am 30. Mai 1929 noch größer und eindrucksvoller wieder an jenem Ort ihre Pforten öffnete, den sie 1905 verlassen hatte, da sich die Stadt Leipzig so zögerlich verhalten hatte bei den Verhandlungen mit dem Sammlungsgründer Paul de Wit (1852–1925), der sie seit 1886 privat am Thomaskirchhof betrieben hatte. In Köln war die damals schon spektakuläre Kollektion von Musikinstrumenten unterschiedlicher Epochen ab 1913 im »Musikhistorischen Museum Wilhelm Heyer« (1849–1913) zu sehen. Der Sammler brachte sie in Verbindung mit weiteren namhaften Kollektionen – darunter dem Bestand der Klavierbaufirma Ibach in Barmen und der Sammlung des Florentiner Barons Alessandro Kraus. Nach dem überraschenden Tod Heyers im selben Jahr blieb das Museum noch einige Jahre geöffnet, allerdings entschlossen sich die Erben dann, nach einem Käufer zu suchen. Letztlich war es 1926 dem großzügigen Einsatz des Leipziger Musikverlegers Henri Hinrichsen (1868–1942), Besitzer der Edition Peters, zu danken, dass die Heyersche Sammlung für die Universität Leipzig angekauft wurde. Hinrichsen spendete 200 000 Mark. Der Staat Sachsen zahlte 600 000 Mark, und die Stadt Leipzig stellte den Nordflügel des gerade erbauten Grassimuseums zur Verfügung.

Bruno Walter, Gewandhauskapellmeister 1929–1933

Bruno Walter und das Gewandhaus-
orchester im Großen Saal des Neuen
Konzerthauses an der Beethovenstraße
Fotografie, 1931
Leipzig, Stadtarchiv

Es waren politische Gründe, derentwegen die Amtszeit von Bruno Walter (1876–1962) als Gewandhauskapellmeister nur vier Jahre dauerte. Der weltweit renommierte Musiker entstammte einer deutsch-jüdischen Familie. Nachdem er aus diesem Grunde schon vor der Machtergreifung der Nationalsozialisten mehrfach Anfeindungen ausgesetzt gewesen war, wurde er 1933 offen bedroht, als er zum wiederholten Male ans Pult der Berliner Philharmoniker treten wollte.

Die Zeichen der Zeit erkennend, brach der Mitbegründer der Salzburger Festspiele seine Zelte zunächst in Deutschland, 1939 auch in Europa ab. Anders als andere Immigranten wurde er in den USA mit großer Wertschätzung empfangen und stand sofort am Pult des Los Angeles Philharmonic Orchestra. 1946 erhielt er die US-amerikanische Staatsbürgerschaft. Für das Gewandhaus bedeuteten die wenigen Jahre unter Bruno Walter den Übergang zu einer Inter-

preten- und Klangkultur der Gegenwart, die sich in neuer Form zu einem musikalischen Erbe in Beziehung setzt. Darüber, was gewesen wäre, wenn diese Ära nicht derartig kurz gewährt hätte, lässt sich nur spekulieren. Walter kehrte auch nach dem Zweiten Weltkrieg nicht dauerhaft nach Europa zurück. Von 1947 bis 1949 wirkte er als Chefdirigent der New Yorker Philharmoniker. Er starb 1962 in Beverly Hills.

Uraufführung der Oper »Aufstieg und Fall der Stadt Mahagonny«, 1930

Bertolt Brecht, Kurt Weill: »Aufstieg und
Fall der Stadt Mahagonny«
Fotografie, Szenenbild, 1930
Leipzig, Stadtgeschichtliches Museum

Es war ein deutlicher Höhe- und
ein heimlicher Schlusspunkt, als
eines der bis in die Gegenwart
bedeutendsten musiktheatralischen Werke jener Zeit im Neu-
en Theater von Leipzig uraufgeführt wurde, die Oper »Aufstieg
und Fall der Stadt Mahagonny«
von Kurt Weill (1900–1950) und
Bertolt Brecht (1898–1956). Dies
gilt vor allem in Bezug auf die
Entfaltung einer vielseitigen
avantgardistischen Theaterszene in den zwanziger Jahren, in
der sich ein Zeitgeist spiegelt,

der sich aus dem Spannungsgefüge von unglaublicher Leicht-
lebigkeit und sozialkritischem
Potenzial in den Künsten speist,
aus einem nie dagewesenen
Innovationsanspruch und einem
faszinierenden Bekenntnis zum
Leben im Hier und Heute. In
diesem Spannungsgefüge bewegt
sich auch die Ästhetik der Oper,
die aus einem Songspiel – weitgehend ohne Handlung – her-
vorging, das das Schöpfer-Duo
Brecht-Weill bereits 1927 zum
Musikfest in Baden-Baden ur-

aufgeführt hatte. Die Idee der
Umarbeitung bzw. Erweiterung
zu einer abendfüllenden Oper
war nicht allein dem Erfolg
geschuldet, den das Werk in
Baden-Baden genossen hatte,
sondern war von den Autoren
von vornherein ins Auge gefasst
gewesen. Die Geschichte um den
Niedergang einer Gesellschaft,
in der Parallelen zur Weimarer
Republik deutlich sind, hatte
durchaus prophetische Züge.

Mutige Theaterleute, 1930

„Aufstieg und Fall der Stadt Mahagonny"
Musik von Kurt Weill — Text von Bert Brecht
Projektionsentwurf von Caspar Neher
Phot. Erich Schröder

„Aufstieg und Fall der Stadt Mahagonny"
Musik von Kurt Weill — Text von Bert Brecht
Projektionsentwurf von Caspar Neher
Phot. Erich Schröder

Bertolt Brecht, Kurt Weill: »Aufstieg und Fall der Stadt Mahagonny« Doppelseite aus dem Programmheft mit Szenenbildern nach Entwürfen von Caspar Neher, 1930 Verlagsarchiv

Zwischen dem Entschluss zur Schaffung der Oper »Aufstieg und Fall der Stadt Mahagonny« und der tatsächlichen Uraufführung hatte sich das politische Klima im Lande deutlich gewandelt und damit auch in gewisser Weise das Selbstverständnis der Künstler. Zumindest hatten Theatermacher nicht mehr überall den gleichen Mut, ein so deutlich sozialkritisches Stück zweier so polarisierender Autoren, wie es Brecht und Weill waren, aufzuführen. Bevor sich Walther Brüg-

mann 1930 in Leipzig des Werkes annahm, waren beispielsweise bereits 1929 Pläne für eine Uraufführung an der Berliner Kroll-Oper nicht zuletzt an Bedenken des Chefdirigenten Otto Klemperer (1885–1973) gegenüber dem Libretto gescheitert. In der Tat war eine Handlung, die die Geschichte von Sodom und Gomorra quasi umkehrt und als die einer Gesellschaft erzählt, die nicht an äußeren Bedingungen scheitert, sondern an der internen Umkehrung ihrer Moral, in

Zeiten des aufkeimenden Nationalsozialismus mehr als brisant. Auch aus diesem Grunde wurde die Leipziger Uraufführung von gewaltigen Turbulenzen begleitet. Mitgliedern der NSDAP wäre es beinahe gelungen, die Uraufführung mit gezielten Störattacken vorzeitig zu beenden. »Aufstieg und Fall der Stadt Mahagonny« zählt zu den Werken, die nach dem Krieg fast vollständig rehabilitiert wurden.

Sigfrid Karg-Elert wird Professor am Landeskonservatorium, 1932

Sigfried Karg-Elert
Fotografie von Karl & Lisa König, Leipzig,
um 1925
Leipzig, Stadtgeschichtliches Museum

Eine späte Ehre war es, von der er nicht mehr lange profitieren konnte, die Sigfrid Karg-Elert (1877–1933) 1932 in jener Stadt zuteil wurde, in der er die meiste Zeit seines Lebens gewirkt hatte. Denn bereits 1933 verstarb der Musiker, der zeitlebens um Anerkennung insbesondere für sein umfassendes Orgelwerk ringen musste, nur 55-jährig in Leipzig – nicht einmal ein Jahr, nachdem er zum Professor für Harmonielehre an das Landeskonservatorium berufen worden war. Neben seinem breiten kompositorischen Schaffen – insbesondere für Harmonium und eben Orgel – setzte der in Leipzig ausgebildete Musiker vor allem als Musiktheoretiker Maßstäbe. Die eigentliche Tragik des Komponisten Karg-Elert ist wohl darin zu sehen, dass er durch den Kreis der Leipziger Reger-Apologeten um Karl Straube immer wieder mit Reger verglichen wurde und daher Anfeindungen ob seines komplett anderen Klangverständnisses ausgesetzt war. Karg-Elert wurde nach seinem Tod sogar vorübergehend in das Nazi-»Lexikon der Juden in der Musik« aufgenommen, obwohl er nicht-jüdischer Abstammung war. Nach dem Krieg erwies es sich als kaum möglich, in der Rezeption nahtlos an seine neo-barocke Formsprache anzuschließen. Karg-Elert ist auf dem Leipziger Südfriedhof begraben.

Reichs-Wagner-Feier in Leipzig, 1933

Richard-Wagner-Feier im Gewandhaus, Reichskanzler Adolf Hitler im Gespräch mit dem Dirigenten Karl Muck am 12. Februar 1933
Fotografie, Atelier E. Hoenisch, 1933
Leipzig, Stadtgeschichtliches Museum

Das Jahr der Machtergreifung der Nationalsozialisten war auch das des 120. Geburtstages und des 50. Todestages von Richard Wagner. Dass der von Adolf Hitler über die Maßen geschätzte Musiker in seiner Geburtsstadt intensiv und vor allem hochoffiziell geehrt werden musste, erscheint insofern als fast schon konsequent. Obwohl es die Nationalsozialisten gerade in Leipzig vergleichsweise schwer gehabt hatten, an die Macht zu kommen, trug die Gleichschal-tung Schritt für Schritt erschreckende Früchte, und mit der Wagner-Feier, in deren Rahmen sich auch die zentralen Kultur-institutionen wie insbesondere das Gewandhausorchester als angepasst zeigten, demonstrierte man eine Art Brot-und-Spiele-Kulturpolitik, die in ihrem Anspruch auf Opulenz den Trend der Folgejahre deutlich machte. Die staatliche Wagner-Feier manifestierte in erschreckender Weise die Vereinnahmung des kulturellen Erbes im Sinne der NS-Politik und muss als eine entscheidende Machtdemonstration gesehen werden, in deren Folge in vielen Kulturinstitutionen die politischen Weichen für das kommende Jahrzehnt gestellt wurden. Der Austausch von künstlerischen Entscheidungs-trägern wurde überall vollzogen.

Gleichgeschaltetes Rundfunkorchester, 1933–1945

Der Dirigent Hans Weisbach
Fotografie, um 1935
Potsdam-Babelsberg, Deutsches Rund-
funkarchiv

Bereits im Frühjahr 1933 nahm
Reichspropagandaminister
Joseph Goebbels die Gleichschal-
tung der Rundfunkanstalten in
Angriff. Der Intendant des Leipziger Senders, Ludwig Neubeck
(1882–1933), wurde mit einer
Intrige in den Selbstmord getrieben. Die Leitungsebene wurde
sofort durch politisch liebsame
Kandidaten ersetzt. Nach und
nach erfolgte die »Säuberung«
auf allen Ebenen. Die Leitung
des Orchesters übernahm Hans
Weisbach (1885–1961), ein Musiker, der sich zuvor kaum großen
Ruhm erworben hatte und der
auch während seines Wirkens
im Reichssender Leipzig keine
nennenswerten künstlerischen
Spuren hinterlassen hat. Das
mag auch rezeptionshistorische
Gründe haben, denn herausragende Leistungen standen
nicht selten unter politischen
Vorzeichen – wie die Uraufführung der »Nullten Sinfonie«
Anton Bruckners, die Weisbach
übernahm, als Bruno Walter
wegen seiner jüdischen Herkunft
unmittelbar vor der Generalpro-
be entlassen wurde. Weisbach
ging bereits 1938 nach Wien in
der Hoffnung auf eine größere
Karriere. Kontinuierlich arbeitete das Orchester in dieser
Zeit am Ausbau der Popularität
in allen Repertoirebereichen.
Reinhold Merten (1894–1943),
der sich im Radio quasi »hochge-
dient« hatte, wurde 1939 Chefdirigent von Chor und Orchester
des Reichssenders Leipzig.

Pläne für ein Richard-Wagner-Nationaldenkmal, 1934

Adolf Hitler, Franz von Papen, Winifred und Wieland Wagner bei der Grundsteinlegung für das Richard-Wagner-Denkmal in Leipzig
Titelseite der Illustrierten Wochenzeitung »Welt im Bild« der »Leipziger Neuesten Nachrichten«, 11. März 1934
Leipzig, Stadtgeschichtliches Museum

Es dürften viele Leipziger als ein großes Glück empfinden, dass der Richard-Wagner-Hain zwischen Jahnallee und Elsterwehr zu beiden Seiten des Elsterbeckens jene entscheidende Umgestaltung nicht vollständig erfuhr, die ihm die Stadtoberen zu Zeiten des Nationalsozialismus zugedacht hatten. Die Geburtsstadt des Meisters sollte das Richard-Wagner-Nationaldenkmal bekommen, das sich in Opulenz und Stil perfekt hätte einreihen lassen in die Liste der großen Nazibauten vom Gauforum in Weimar bis zum Reichsparteitagsgelände in Nürnberg. Obgleich die Idee für das Denkmal ins Jahr 1932 zurückdatiert, wurde ein entsprechender Ideenwettbewerb erst nach der Machtergreifung der Nationalsozialisten, jedoch noch unter Oberbürgermeister Carl Friedrich Goerdeler (1884–1945), ausgelobt. Es siegte der monumentale Entwurf von Emil Hipp (1893–1965). Die Landschaftsgestaltung übernahm Gustav Allinger (1891–1974). Den Grundstein legte am 6. März 1934 Adolf Hitler persönlich. Nach Kriegsende verzichtete die Stadt Leipzig aus politischen Gründen auf eine Vollendung des schon bezahlten Denkmals. Fertiggestellte Teile wurden an verschiedene Interessenten verkauft.

Hermann Abendroth, Gewandhauskapellmeister 1934–1945

Hermann Abendroth dirigiert
Fotografie, 1951
Leipzig, Stadtgeschichtliches Museum

Es liegt wohl vor allem am politischen Umfeld und damit in gewisser Weise an den Zeichen jener Zeit, in der Hermann Abendroth (1883–1956) das Amt des Gewandhauskapellmeisters bekleidete, dass diese – wie aus diversen Tondokumenten deutlich wird – musikalisch durchaus fruchtbare Periode des Klangkörpers nicht ohne einen gewissen Vorbehalt betrachtet werden kann. Der in Frankfurt am Main gebürtige Musiker hatte bereits eine eindrucksvolle Dirigentenkarriere hinter sich, als er 1934 Bruno Walter im Amt des Gewandhauskapellmeisters ablöste. Immerhin fast zwei Jahrzehnte hatte er bereits am Pult des Gürzenich-Orchesters in Köln gestanden und später parallel auch das dortige Konservatorium geleitet. Mit dem Gewandhausorchester pflegte er bis zum Kriegsende vornehmlich das traditionelle romantische Konzertrepertoire. Seine Beethoven-Interpretationen setzten lange Zeit Maßstäbe; doch auch als Mozart-Dirigent genoss Abendroth Anerkennung. Nach dem Krieg knüpfte der Dirigent fast nahtlos an seine bisherige Karriere an. Neben der Staatskapelle Weimar leitete er bis zu seinem Tode im Jahre 1956 die Rundfunkorchester in Leipzig und Berlin.

Johann Nepomuk David am Leipziger Konservatorium, 1934–1945

Johann Nepomuk David
Kohlezeichnung von Otto Pleß, um 1925
Leipzig, Stadtgeschichtliches Museum

Fast schon zwangsläufig war das Wirken Johann Nepomuk Davids (1895–1977) als Hochschullehrer und ab 1942 als Direktor des Landeskonservatoriums, das 1941 in Hochschule für Musik umbenannt wurde, ein äußerst umstrittenes Kapitel der Leipziger Musikgeschichte. Gewiss hatte der gebürtige Österreicher sich als Chorleiter, Lehrer und Komponist einen Namen gemacht, dennoch war es natürlich die Gunst der politischen Stunde, die er sich zunutze machte. Zwar sind, von einer Komposition über Führerworte und den üblichen politischen Statements abgesehen, keine außergewöhnlichen politischen Aktivitäten und Stellungnahmen des Musikers dokumentiert, doch immerhin erreichte er die Aufnahme in die sogenannte »Gottbegnadeten-Liste«, die den Musiker vom Kriegsdienst verschonte. Johann Nepomuk David wurde die schwierige Aufgabe zuteil, den Lehrbetrieb auch nach den zerstörerischen Bombenangriffen des Jahres 1943 noch bis zum Sommer 1944 aufrechtzuerhalten. Die Hochschule wurde nach Crimmitschau ausgelagert. Nach dem Krieg verließ David Leipzig, hatte aber – zunächst am Salzburger Mozarteum, später in Stuttgart – bald schon wieder herausragende Positionen in Lehre und Musikbetrieb inne. Auf dem Wiener Zentralfriedhof hat er ein Ehrengrab.

Das Mendelssohn-Denkmal wird abgerissen, 1936

Das Mendelssohn-Denkmal vor dem
Neuen Konzerthaus an der Beethoven-
straße
Fotografie von Hermann Vogel, um 1910
Leipzig, Stadtgeschichtliches Museum

Es war eine Demonstration der
Machthaber im Sinne der antise-
mitischen Säuberungsaktionen.
Die Namen jüdischer Meister
sollten aus dem Musikbetrieb
verschwinden – im Falle der
Stadt Leipzig erschien den nationalsozialistischen Machthabern
jener des Konvertiten Felix Mendelssohn Bartholdy (1809–1847)
mit seinen großen Verdiensten
um die Entwicklung der Musikstadt als ein besonderer Dorn
im Auge. In einer Nacht- und
Nebelaktion holte man den Komponisten im wahrsten Sinne des
Wortes von seinem Sockel vor
dem damaligen Gewandhaus.
Das als Meisterwerk der Bild-
hauerkunst des ausgehenden
19. Jahrhunderts geltende, von
Werner Stein (1855–1930) entworfene Bronzedenkmal wurde
am 9. November 1936 entfernt,
weil es als nicht tragbar empfun-
den wurde, dass dieser Musiker
als »Exponent einer deutschen
Musikstadt« dargestellt wurde.
Der Leipziger Oberbürgermeister Carl Friedrich Goerdeler trat
daraufhin aus Protest von seinem
Amt zurück; kurz vor Kriegsende
wurde er als einer der Verschwö-
rer vom 20. Juli 1944 hingerichtet.
Seit 2008 steht eine Nachschöp-
fung des Denkmals in den Grün-
anlagen vor dem Westportal der
Thomaskirche am Dittrichring.

Henri Hinrichsen wird im Zuge der Arisierung enteignet, 1938

Henri Hinrichsen
Fotografie, um 1935
Leipzig, Stadtgeschichtliches Museum

Mit diversen Stiftungen hat sich Henri Hinrichsen (1868–1942) wie kaum ein anderer um Kunst und Bildung in Leipzig verdient gemacht. Für das Musikinstrumentenmuseum der Universität hatte er sich ebenso eingesetzt wie für die Frauenbildungsprojekte der Pädagogin Henriette Goldschmidt (1825–1920). Dies schützte ihn nicht vor der Enteignung seines Musikverlages C. F. Peters im Zuge der »Arisierung« von Unternehmen, später vor der Deportation und dem Tod 1942 in Auschwitz. Hinrichsen hatte das Familienunternehmen von 1900 an allein geführt. Zuvor hatte er ab 1894 gemeinsam mit seinem Onkel Dr. Max Abraham (1875–1922) dem Verlag vorgestanden. Aufgrund seiner deutsch-nationalen Gesinnung hatte der Verleger nicht wie einige seiner Söhne, die das Land rechtzeitig verlassen konnten und in London beziehungsweise New York Niederlassungen gründeten, die Gefahr erkannt. Im Glauben, dass ihm nichts geschehen werde, hatte er bis 1940 mit der Ausreise gezögert. In Brüssel wartete er vergebens auf ein Visum für England oder die USA und wurde dort nach dem Tod seiner Frau verhaftet. Im Alter von 74 Jahren wurde Henri Hinrichsen, einer der bedeutendsten Musikverleger der Welt, in Auschwitz ermordet.

Der Thomanerchor unter nationalsozialistischer Flagge

Die Aufnahme der Thomaner in die
Hitlerjugend, vorn rechts Karl Straube
Fotografie, 1937
Leipzig, Stadtarchiv

Nachdem Karl Straube den Thomanerchor 1937 in die Hitlerjugend überführt hatte, brach eine der unrühmlichsten Phasen in der Geschichte des Klangkörpers an, denn im Gegensatz zu anderen Knabenchören des Reiches sollte das kein rein formaler Akt bleiben. Zwar hielten sowohl Straube als auch sein Nachfolger Ramin an der geistlichen Tradition des Chores fest und ließen sich zumindest in ihrem Repertoire nicht nennenswert beeinflussen, jedenfalls nicht in eine

politisch konnotierte weltliche Richtung drängen. Dennoch war mit dem deutlichen Bekenntnis des Nationalsozialismus auch zur Tradition Bachs eine stärkere Vereinnahmung seiner Musik unausweichlich. Dieses Kapitel wird von Historiographen nach wie vor heiß diskutiert. In jedem Fall ist die Überlieferung von Bildmaterial, das die Chorknaben bei Konzerten in HJ-Uniformen zeigt, ein nicht zu leugnendes Faktum ebenso wie ihre Einbindung in diverse

Feierlichkeiten mit deutlichem Staatsbezug wie das Reichsbachfest 1935. Nach den Bombenangriffen im Dezember 1943, bei denen auch das Alumnat schwer beschädigt wurde, erhielten die Thomaner bis Kriegsende Asyl in der Fürstenschule im rund 40 Kilometer entfernten Grimma. An den Leipziger Konzerttraditionen hielten sie auch in dieser Zeit fest.

...her Ramin, Thomaskantor 1939–1956

Günther Ramin in der Thomaskirche
Fotografie, um 1940
Leipzig, Stadtgeschichtliches Museum

Günther Ramin (1898–1956) muss man im engsten Wortsinn als Schüler seines Vorgängers im Amt des Thomaskantors, Karl Straube, sehen. Der einstige Thomaner beherzigte den Rat des Thomasorganisten bereits bei der Studienplatzwahl; im Amt war er ihm schon als Thomasorganist gefolgt, 1939 dann auch als Thomaskantor. Bis dahin hatte er sich – genau wie sein Lehrer – in der deutschen Orgelbewegung engagiert und hatte als gefragter Organist die Welt bereist, als Chorleiter war er national aktiv. Über Jahre leitete Günther Ramin auch den Gewandhauschor. Erst mit seinem Amtsantritt wurde die regelmäßige Tätigkeit des Thomanerchores in der Nikolaikirche eingestellt, wo er seit Jahrhunderten ebenso wie in der Thomaskirche gesungen hatte. Die Rolle des Chores und des Kantors in der NS-Zeit ist bis heute umstritten. In diese Zeit datiert auch der Versuch, Thomanerchor und Schulleitung des durch die Nazis gegründeten musischen Gymnasiums durch eine Leiterpersönlichkeit zu koppeln. Ramin hatte die Doppelposition kurzzeitig inne. Es mag nicht zuletzt der geschickten Positionierung des Thomaskantors zu danken sein, dass der Thomanerchor nach 1945 schnell wieder zu spektakulärem internationalen Ansehen gelangte, auch wegen des konsequenten Bekenntnisses zu Johann Sebastian Bach.

Befreiung der Bewegung von der Macht der Musik, 1942–1949

Eine Choreographie von Mary Wigman
Szenenbild, Fotografie, um 1945
Leipzig, Tanzarchiv: Slg. Wigman

Die gebürtige Hannoveranerin Mary Wigman (1886–1973) hatte in den zwanziger Jahren in Dresden eine Schule für ihr Tanzkonzept eingerichtet und hier ihre ersten maßstabsetzenden Choreographien vorgestellt, die nicht zuletzt mit einem neuen Bild von Körperlichkeit und Weiblichkeit verunsicherten. Zahlreiche Solo-Stücke machten von sich reden. Ende der zwanziger und Anfang der dreißiger Jahre wurde sie in London und den USA gefeiert und tourte durch ganz Deutschland. Von 1930 bis 1941 war sie die Lebenspartnerin von Siemens-Manager Hanns Benkert (1899–1948). Wigman zeichnete aber auch für eine gigantische Choreographie anlässlich der Olympischen Spiele 1936 in Berlin verantwortlich. Mit bemerkenswerter Konsequenz verfolgte Wigman ihr zentrales Konzept, die Bewegung im Tanz aus der Unterordnung unter die Musik herauszulösen. So waren es mit wenigen Ausnahmen vor allem eigens für sie geschaffene Musiken, die sie choreographierte. Auch in Leipzig hielt sie an diesem Ansatz fest. 1949 ging sie nach West-Berlin, wo sie 1973 starb. In Leipzig wurde sie zur Begründerin einer vielfältigen Tanztradition.

Mary Wigman lehrt und tanzt in Leipzig, 1942–1949

Mary Wigman tanzt
Fotografie, um 1945
Leipzig, Tanzarchiv: Slg. Wigman

Es gehört zu den Merkwürdigkeiten der Leipziger Theaterge-
schichte der 1940er Jahre, dass
ausgerechnet die international
anerkannte Ausdruckstänze-
rin und Choreographin Mary
Wigman zwischen 1942 und 1949
hier wirkte. Ihr Konzept des
New German Dance, das in den
ästhetischen Bewegungen und
Tendenzen der Weimarer Jahre
seine Wurzeln hat, ließ sich kaum
mit den ästhetischen Prinzipien
der Nationalsozialisten verein-
baren. Vermutlich wurde sie auch
genau aus diesem Grunde durch
das Kriegsende nur in jenem
allgemeinen Sinne eingeschränkt
wie alle Leipziger, deren unmit-
telbares Karriereumfeld zerstört
worden war, kaum aber durch
eine politische Infragestellung
ihres Wirkens. Vielmehr erlebte die Künstlerin, die für eine
Lehrtätigkeit an die Musikhochschule verpflichtet worden war,
nachdem sie 1942 ihre Dresdner
Schule hatte verkaufen müssen,
in Leipzig einen neugierigen
Empfang. 1945 eröffnete sie in
Leipzig eine neue Schule und
inszenierte 1947 an der Oper
Leipzig eine Aufsehen erregende
Vorführung von »Orpheus und
Eurydike« mit ihren Schülern.
Die Sammlung Mary Wigman
gehört heute zu den Schätzen
des Leipziger Tanzarchivs e.V.

Der Reichs-Bruckner-Chor, 1943

Der Reichs-Bruckner-Chor unter Günther
Ramin in der Thomaskirche
Fotografie, 1943
Leipzig, Archiv des MDR

Die Vorstellung der Gleichschal-
tung im Sinne eines gigantoma-
nischen Eliteprojekts war die
letzte Stufe des Medien- und
Musikkonzeptes des Reichs-
propagandaministers Joseph
Goebbels, das 1943 nur noch
ansatzweise umgesetzt werden
konnte. Gigantische Bruckner-
Aufführungen, wie sie die
Rundfunkanstalten des Reichs
vereinzelt schon bewerkstelligt
hatten, waren das ästhetische
Ideal der NS-Musikmaschinerie.
Die Vorstellung, das Stift Sankt
Florian in der Nähe von Anton
Bruckners Geburtsstadt Linz
zur »höchsten Bruckner-Weihe-
stätte« und zum Zentrum der
Reichsrundfunkmusik zu ma-
chen, verband den »Führer«, den
Propagandaminister und den
Reichsrundfunkintendanten
Heinrich Glasmeier (1892–1945).
Ein Reichs-Bruckner-Chor und
ein Reichs-Bruckner-Orchester
sollten schließlich als zentrale
Rundfunkklangkörper das Land
bespielen. Aus diesem Grunde
wurden allerorten – auch beim
Orchester des Reichssenders
Leipzig – Musiker abkomman-
diert, aus denen sich der neue
Klangkörper rekrutieren sollte.
Der Reichs-Bruckner-Chor
begann seine Arbeit in Leipzig.
Günther Ramin war mit seinem
Aufbau betraut worden. Erst spä-
ter wurde der Klangkörper in das
Stift versetzt. Ramin blieb den
Thomanern treu und in Leipzig.

Zwischen Zerstörung und Neubeginn, 1945

Die Ruine des Neuen Theaters am Augustusplatz
Fotografie, 1945
Leipzig, Stadtarchiv

Seit dem Ende des Jahres 1943 litt Leipzig unter massiven Luftangriffen. Zwangsläufig wurden dadurch nicht nur Industrieanlagen und Wohnhäuser, sondern auch die kulturellen Zentren der Stadt in Mitleidenschaft gezogen. Das kulturelle Leben kam zum Kriegsende hin vollständig zum Erliegen. Die beiden zentralen Theater waren ebenso wie das Gewandhaus nicht mehr nutzbar. Die Musikhochschule war massiv beschädigt, das Alumnat der Thomaner unbewohnbar. Die

Liste ließe sich weiter fortsetzen. Die Grundbedürfnisse der meisten Leipziger richteten sich zunächst naturgemäß auf die Wiedererlangung akzeptabler Lebensbedingungen: das Stillen von Hunger, ein eigenes Zuhause mit annehmbaren sanitären Bedingungen, Heizmaterial, das Wiederfinden der nächsten Angehörigen ... Das eigene Überleben musste im Vordergrund stehen. Außerdem waren ja die meisten männlichen Mitglieder von Orchestern noch zum

Kriegsende eingezogen worden, gefallen, verwundet oder in Gefangenschaft geraten. Weder die allgemeine noch die politische Situation erlaubte eine Diskussion über die Zukunft von Konzert, Theater, musikalischer Bildung.

Aufkeimendes musikalisches Leben zwischen Trümmern, 1945

Der große Konzertsaal des Neuen Konzerthauses (Gewandhaus) nach der Zerstörung
Fotografie von Georg Zschäpitz, 1944
Leipzig, Stadtgeschichtliches Museum

Am 18. April 1945 befreite die US-amerikanische Armee Leipzig vom NS-Regime. Am 2. Juli übernahm die Rote Armee die Besatzung. Beide Besatzungsmächte hatten ein reges Interesse daran, das soziale Leben wieder in geregelte Bahnen zu lenken, wozu ebenso die – wenn auch reglementierte – Wiederaufnahme des kulturellen Lebens gehörte. Daher wurden die verfügbaren Akteure des Kulturbetriebes einer mehr oder weniger intensiven Entnazifizierung unterzogen; Künstler erhielten in unterschiedlichen Bereichen die Erlaubnis, Ensembles wieder aufzubauen; der Rundfunk sollte möglichst schnell kontrolliert in Betrieb gehen. Dennoch sollte es Jahrzehnte dauern, bis in allen kulturellen Bereichen Behelfskonstruktionen aufgehoben wurden, sowohl, was die Veranstaltungsorte anging als auch besetzungsmäßige und personelle Konstellationen. Behelfsorchester rekrutierten sich oft mit sonderbaren Besetzungsverhältnissen. Es musste erst festgestellt werden, welche Musiker aus dem Krieg zurückgekehrt waren, welche zurückkehren könnten und welche nie zurückkehren würden. Instrumente waren teils verschwunden oder in marodem Zustand. Dennoch sorgte das kulturelle Selbstverständnis einer Musikstadt schnell für spürbaren Aufschwung.

Erste Konzerte, 1945

Konzertdirektion FRANZ JOST

Sonntag, 8. Juli 1945, vorm. 10.30 im „Capitol", Petersstraße

Zur Begrüßung der Roten Armee

Symphonie-Konzert

des Stadt- und Gewandhaus-Orchesters unter Leitung von Professor H. Abendroth

Veranstaltet vom Antifaschistischen Block Leipzig
und Kulturamt Leipzig

L. v. Beethoven, Ouverture Egmont — Fr. Hölderlin, An die Hoffnung, gesprochen von Peter Lühr

Kurze Ansprache von FRITZ SELBMANN

C. F. Meyer, Huttens Beichte, gesprochen von Peter Lühr — P. Tschaikowsky, V. Symphonie

Der Reinertrag fließt dem Wiedergutmachungswerk für politische Gefangene zu

Karten zu RM 3.— und 5.— ab Donnerstag 10-13 und 15-18 Uhr im „Capitol"

Wiederholung des Konzertes Sonntag, 15. Juli 1945, vorm. 10.30 im „Capitol"

Mittwoch, 11. Juli 1945, 18.30 im „Capitol": Kammermusik des Gewandhaus-Quartett - Karten zu RM 1.50, 2.50 u. 4.— im „Capitol"

Konzert des Gewandhausorchesters zur Begrüßung der Roten Armee am 8. Juli 1945
Plakat, 1945
Koblenz, Bundesarchiv

Als am 2. Juli 1945 die Rote Armee Leipzig übernahm, hatten sich im Umfeld der einstigen großen Kulturinstitutionen bereits Ensembles soweit etabliert, dass erste zaghafte Konzerte öffentlich veranstaltet wurden – einerseits zur Feier der Befreier, andererseits aber auch mit dem Ziel, Abwechslung vom düsteren Alltag zu schaffen und allmählich wieder Normalität einkehren zu lassen. Auf Plakaten und Programmzetteln zum Begrüßungskonzert der Roten Armee wird jene zaghafte Euphorie deutlich, mit der Musiker hofften, wieder einen Berufsalltag zu finden. Ganz offensichtlich waren die Programme noch einige Monate lang durch die Differenzen in den Fähigkeiten der mit unterschiedlichem Hintergrund zusammengekommenen Musiker ebenso geprägt wie durch die Verfügbarkeit von Aufführungsmaterialien, Instrumenten und so weiter. Nicht ungewöhnlich für die Zeit waren auch symbolische Eintrittspreise – beispielsweise in Naturalien. Vor allem aber war die Tatsache, dass leichte Klassik die Programme dominierte, einem allgemeinen Interesse geschuldet, Erfreuliches zu bieten. Der rasche Wiederaufbau des Kulturbetriebs ging mit einem deutlichen Unterhaltungsbedürfnis einher. Im Sinne der Besatzer handelte es sich dabei aber auch um unbelastete Kulturgüter.

Nachkriegswirren – das Gewandhausorchester findet zum Alltag, 1945

Herbert Albert
Rötelzeichnung von WR, 1947
Leipzig, Stadtgeschichtliches Museum

Sollte es auch noch bis 1981 dauern, bis das Gewandhausorchester wieder in einem eigenen Konzerthaus spielen würde, und selbst noch zwei Jahre, bis wenigstens eine akzeptable Interimslösung gefunden war, so zählte der Klangkörper doch zu jenen Aushängeschildern bürgerlich-humanistischer Musikkultur der Stadt, die alle Beteiligten möglichst schnell wiedererwecken wollten. Herbert Albert (1903–1973) war der Mann der ersten Stunde am Pult des Gewandhausorchesters. Der Musiker, der sich vor allem als Pianist einen Namen gemacht hatte, war der für diese Zeit so typische Lückenfüller. Dennoch gelang es ihm, den Konzertbetrieb des Gewandhauses wieder in jene Bahnen zu lenken, an die seine Nachfolger bestens anknüpfen konnten. Nach verschiedenen Notlösungen – in erhaltenen Varieté- und Kinosälen – begann das Gewandhausorchester 1947 seine Konzerte im Saal der Kongreßhalle in der Pfaffendorfer Straße direkt neben dem Zoo zu spielen. Im gleichen Jahr gab es unter Albert erstmals wieder eine vielbeachtete Uraufführung: Boris Blachers (1903–1975) »Orchestervariationen über ein Thema von Paganini«. 1951 trat das Orchester seine erste Konzertreise der Nachkriegszeit an und festigte allmählich wieder seinen Ruf als hochrangiger Klangkörper.

Interimslösung Kongreßhalle, 1947–1988

Die Kongreßhalle an der Pfaffendorfer Straße
Foto von Herbert Lachmann, um 1965
Leipzig, Stadtgeschichtliches Museum

Nicht allein das Gewandhausorchester spielte interimsmäßig in der Kongreßhalle am Zoo. Auch die Klangkörper des Rundfunks fanden hier zeitweise Asyl, genau wie viele andere Ensembles und Gruppen verschiedener Genres, die durch Krieg und Kriegsfolgen obdachlos geworden waren oder sich nun formierten bzw. wieder formieren durften. Dies erleichterte die Arbeitsbedingungen nicht unbedingt. Auch die Akustik entsprach nicht der eines Konzertsaales. Das

Bauwerk war 1900 als Gesellschaftshaus des Zoos eingeweiht worden und gilt heute als eines der wenigen Art déco-Zeugnisse in Leipzig. Mit mehreren Sälen und Räumen bot es den unterschiedlichen Zwischennutzern interessante Möglichkeiten. Der Saal, der zu seiner Eröffnung als einer der wenigen »schwingenden Tanzböden« Europas in einzigartiger Weise zeitgemäßen Standards genügt hatte, erlebte in den Nachkriegsjahren turbulente Zeiten. Große Solisten

musizierten, Proteste gegen die Sprengung der Universitätskirche gab es, natürlich Kongresse und Tagungen, auch schon einmal Sportereignisse und regelmäßig die Leipziger Jazztage. 1988 brach in dem Haus ein Großbrand aus, in dessen Folge es 1989 geschlossen wurde – erst 2015 konnte die umfassende Sanierung abgeschlossen werden.

Nachkriegsinterim der Oper – das »Haus Dreilinden«, 1945–1960

Dreilindenoper in Leipzig-Lindenau
(mit kyrillischer und deutscher Beschriftung)
Fotografie, um 1948
Leipzig, Leibniz-Institut für Länderkunde e. V.

Die Zerstörung des Alten wie des Neuen Theaters hatte die Stadt Leipzig 1943/44 auch ihrer traditionellen Opernspielstätten beraubt. Daher musste schnell eine Interimslösung für den Spielbetrieb des Opernhauses gefunden werden, denn daran, dass dieser baldmöglichst wieder aufgenommen werden sollte, bestand kein Zweifel. Hier war die Entscheidung für das als Varieté- und Operettentheater etablierte, unzerstört gebliebene »Haus Dreilinden« im westlichen Stadtteil Leipzig-Lindenau naheliegend, zumal das Haus wenigstens in Ansätzen über all das verfügte, was eine Musiktheateraufführung benötigt. Daher bezog das Opernensemble hier bis zur Eröffnung des Opernneubaus am Karl-Marx-Platz (wie der Augustusplatz von 1945 bis 1990 hieß) im Jahr 1960 sein neues Quartier. Zwangsläufig war das zunächst nicht der Rahmen für die ganz großen Opern und Musikdramen, die aber ohnehin in der Nachkriegszeit nur selten in die Spielpläne genommen wurden. Jedoch erfuhr der Saal zwischen 1946 und 1953 so viele Modifikationen, dass schließlich immerhin doch »Der Rosenkavalier« von Richard Strauss, Modest Mussorgskis »Boris Godunow« und schließlich sogar Richard Wagners »Die Meistersinger von Nürnberg« gespielt werden konnten, auch wenn die Akustik für diese Art Literatur immer problematisch blieb.

Bekenntnis zum großen humanistischen Erbe, 1945

STÄDT. OPER in „DREILINDEN"

Sonntag, den 26. August 1945, 17 Uhr:	**Madame Butterfly** Leitung: Schmitz, Bartolitius † Besetzung: Glenewinkel a.G., Moskalenko, Allmeroth, Horand
Montag, den 27. August 1945: **Dienstag,** den 28. August 1945:	Keine Vorstellung
Mittwoch, den 29. August 1945, 17 Uhr:	**Fra Diavolo** Leitung: Leo, Bartolitius † Besetzung: Schürhoff, Moskalenko, Allmeroth, Daum, Streckfuß, Zeithammer, Hellmuth
Donnerstag, den 30. August 1945, 17 Uhr:	**Tiefland** Leitung: Schmitz, Bartolitius † Besetzung: Bäumer, Seider, Schwenkreis, Streckfuß
Freitag, den 31. August 1945, 17 Uhr:	**Madame Butterfly** Leitung: Schmitz, Bartolitius † Besetzung: Glenewinkel a.G., Blatter, Allmeroth, Horand
Sonnabend, den 1. September 1945, 17 Uhr:	**Fidelio** Leitung: Schmitz, Niedecken-Gebhard Besetzung: Bäumer, Schaffrian, Seider, Schwenkreis, Streckfuß, Fleischer
Sonntag, den 2. September 1945:	Unbestimmt

Vorverkauf: Ferdinand-Lassalle-Str. 21, werktags 9-13, sonntags 10-12 Uhr; Meßamt, Untergrundmeßhaus, Markt, 9-14 Uhr; Kartenverkaufsbüro des Antifaschistischen Blocks, Markgrafenstr. 2, II; für Berufstätige: „Dreilinden", jeweils eine Stunde von Beginn der Vorstellung an für die nächste Aufführung.

Leipzig 401

Städtische Oper in »Dreilinden«, Spielplan 26. August bis 2. September 1945
Plakat, 1945
Leipzig, Stadtgeschichtliches Museum

Es war eine typische ästhetische Reaktion im Europa der Nachkriegszeit, eine Geste, die an vielen Opernhäusern auf dem Gebiet des befreiten einstigen »großdeutschen« Reiches geboten wurde. Mit jenem Werk, mit dem eine Vielzahl von Opernhäusern den Spielbetrieb wieder aufnahm, begann bereits am 29. Juli 1945 auch die Leipziger Oper wieder zu spielen: Ludwig van Beethovens »Fidelio«. Das Lob der ehelichen Liebe, die Freiheitsoper an sich, sollte auch in Leipzig als Bekenntnis dienen, die Befreiung feiern – ganz so wie in Beethovens einziger Oper. Dass diese Oper in ihrer Anlage einer Aufführung in »Schuhkartonsälen« wie jenem des »Hauses Dreilinden« nicht entgegensteht, mag darüber hinaus dem ästhetischen Eindruck förderlich gewesen sein. Obendrein wurde damit eine Tradition begründet, die der klassischen deutschen Opern- und Singspielliteratur weite Möglichkeiten einräumte. Wie das Plakat zeigt, erweiterte sich das Repertoire zusehends. Allerdings inszenierte Mary Wigman hier auch Christoph Willibald Glucks »Orpheus und Eurydike« und setzte damit für die Zeit bemerkenswerte Akzente, insbesondere mit Blick auf Bewegungs- und Raumkonzepte im zeitgenössischen Musiktheater.

Die Gründung des MDR Rundfunkchors, 1946

Ein Auftritt des Rundfunkchors Leipzig unter der Leitung von Heinrich Werlé
Fotografie, 1949
Leipzig, Archiv des MDR

Nach der wechselvollen Vorkriegs- und Kriegsgeschichte wird nicht selten das Jahr 1946 als offizielles Gründungsdatum eines der bis in die Gegenwart besten und anerkanntesten Konzertchöre der Welt angesetzt, des heutigen MDR Rundfunkchores, der im Laufe der Jahrzehnte oft seinen Namen änderte. Auch mit diesem Gründungsdatum ist der Chor heute der älteste Rundfunkchor in der ARD. Heinrich Werlé (1887–1955) wirkte nachhaltig als Leiter im Sinne der Profilbildung des Klangkörpers und baute mit viel Mut und Einsatz ein bemerkenswertes Ensemble auf, zum Teil unter Rückgriff auf Mitglieder der Vorkriegs- und Kriegszeit, aber auch mit einem zu großen Teilen neuen, professionellen Sängerstamm. Später wurden Klangbild und Repertoire entscheidend durch Chorleiter wie Herbert Kegel (1920–1990) oder Horst Neumann (1934–2013) geprägt, die jeweils in der Folge auch am Pult der Orchester Maßstäbe setzten. Das Gewicht wurde schnell auf chorsinfonische Literatur gelegt, wobei der Klangkörper sich hier international eine herausragende Stellung erarbeitete und regelmäßig auch im Ausland an außergewöhnlichen Produktionen mitwirkte.

Das Rundfunkorchester kehrt zurück, 1946

Probe des Rundfunkorchesters und des Rundfunkchors im Funkhaus des Senders Leipzig
Fotografie, um 1955
Leipzig, Archiv des MDR

Mozarts »Kleine Nachtmusik« war das erste Werk, das das sich nach dem Krieg neu formierende Rundfunkorchester öffentlich spielte – politisch unverfänglich, beliebt und doch ein Bekenntnis in Sachen Tradition und Literatur. Egal, ob unter amerikanischer oder sowjetischer Verwaltung, das Radio genoss aufgrund seines Einflusses immer ein besonderes Interesse der Verantwortlichen. Daher ist es nicht verwunderlich, dass bereits im Sommer 1945 die ers-

ten Proben eines behelfsmäßig wieder zusammengekommenen Rundfunkorchesters stattfanden. Dennoch gab es in der Folge vereinzelt Querelen, den Aufbau des zweiten Orchesters vor Ort betreffend, und auch die administrative Anbindung des Leipziger Senders blieb lange in der Schwebe. Doch es wurde musiziert. Während über die musikalische Aufgabenverteilung zwischen den Orchestern in Leipzig und die wieder zu erlangenden qualitativen Standards diskutiert

wurde, liefen im ehemaligen Barmenia-Versicherungsgebäude in der Springerstraße die Aus- und Umbauarbeiten für das künftige Funkhaus des Senders Leipzig. Dieser verpflichtete das wieder unter dem Namen Leipziger Sinfonie-Orchester spielende Ensemble als Rundfunkorchester. Unter der Leitung von Gerhart Wiesenhütter (1912–1978) zog das 1946 gegründete Rundfunk-Sinfonieorchester Leipzig in den neuen Sendesaal ein.

Die Gründung des Rundfunk-Tanzorchesters Leipzig, 1947

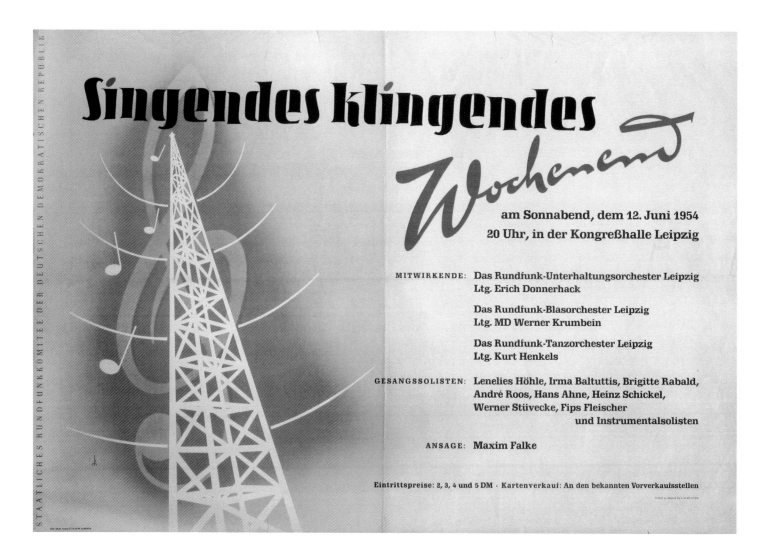

Rundfunkkonzert in der Kongreßhalle, u. a. mit dem Rundfunk-Tanzorchester Leipzig unter der Leitung von Kurt Henkels
Plakat, 1954
Leipzig, Stadtgeschichtliches Museum

Das allgemeine Bedürfnis nach unbeschwerter Unterhaltung erfüllte die Gründung des Rundfunk-Tanzorchesters Leipzig – zunächst unter dem Namen »Tanzorchester des Senders Leipzig« – in wunderbarer Weise. In nahezu allen unterhaltungsorientierten Medienangeboten wurde der Klangkörper zu einer festen Größe auf dem Musikmarkt und im Bewusstsein des Publikums. Mit seinem Leiter Kurt Henkels (1910–1986) wurde das Ensemble schnell zu einer lebenden Legende, die ab 1948 bei AMIGA auch auf dem Plattenmarkt des Ostens Bedarfslücken füllte. Dabei las sich die Liste der Gründungsmitglieder tatsächlich wie ein »Who is Who« der bis dahin etablierten Unterhaltungsmusikszene: Rolf Kühn (Klarinette und Saxophon), Walter Eichenberg (Trompete), Günter Oppenheimer (Klavier) und der legendäre Fips Fleischer (Schlagzeug). Vorübergehend waren auch der Trompeter Horst »Hackel« Fischer sowie Werner Baumgart (Tenorsaxophon) Mitglieder des Ensembles. Das Rundfunktanzorchester wurde gezielt zu internationalen Wettbewerben entsandt und gastierte mit Erfolg im Ausland, vor allem in Osteuropa. Im Jazzbereich beschränkte man sich vornehmlich auf Standards. Nach Henkels Übersiedlung in den Westen wechselten die Dirigenten, und das Orchester wurde mehr und mehr in Fernsehsendungen »verheizt«.

72

Nachkriegszeit – Werbung für die Musikstadt

Veranstaltungen während der Leipziger Messe, 30. August bis 4. September 1949
Plakat des Volksbildungsamtes Leipzig, 1949
Leipzig, Stadtgeschichtliches Museum

Eine Werbeveranstaltung sondergleichen für die Musikstadt und ihr vielfältiges Angebot bildeten seit Wiederaufnahme der Leipziger Messe 1946 Jahr für Jahr die Messekonzerte, die, beliebt bei Publikum und Gästen, auf den verschiedensten stilistischen Gebieten eine Art musikalische »Messe neben der Messe« darstellten. Herausragende Konzertprogramme mit zum Teil international gefragten Solisten trafen auf eine bemerkenswerte musikalische Infrastruktur vom Orchester bis zu den Bedingungen vor Ort, die schnell einen attraktiven Ruf genossen und Neugierige wie Kenner gleichermaßen begeisterten. Vor allem aber zielten die Konzertangebote – wie viele andere Angebote im Umfeld der Messe auch – darauf, ausländischen – vornehmlich westlichen – Messebesuchern das Bild einer weltgewandten, offenen Stadt zu vermitteln. Die Messekonzerte standen im internationalen Fokus, auch weil die Messe im internationalen medialen Fokus stand. Mit der Messe, die vom gerade einmal überregionalen Handelsplatz zur internationalen Leistungsschau wuchs, entwickelten sich auch Anspruch und Niveau der Messekonzerte. Wie die allgemeine Leistungsschau wurden auch die Messekonzerte nach der »Wende« als solche unnötig.

Hans Sandig, Leiter des Rundfunk-Kinderchors Leipzig 1948–1989

Der Rundfunk-Kinderchor Leipzig unter
der Leitung von Hans Sandig
Plakat, um 1970
Leipzig, Stadtgeschichtliches Museum

Treffen sich heute die Chormit-
glieder der ersten Stunde, dann
ist es immer wieder das Bild
des Ersatzvaters, das die Runde
macht. Kriegskinder, die nicht
selten ohne Vater aufwachsen
mussten, fanden in dem Projekt
nicht nur eine erfüllende Frei-
zeitbeschäftigung und Zugänge
zur Musik, die ihnen sonst mögli-
cherweise verschlossen geblieben wären, sondern im Chorleiter Hans Sandig (1914–1989)
eine Vaterfigur. 1948 gründete der
damals 34-Jährige den Rundfunk-
Kinderchor Leipzig, der später
um einen Jugendchor ergänzt
wurde. Der Musikwissenschaftler, Komponist und Psychologe
hatte 1938 promoviert, war aber
politisch kaum in Erscheinung
getreten und wurde so zunächst
Musikreferent beim Mitteldeutschen Rundfunk in Leipzig. In
dieser Funktion erkannte er die
Notwendigkeit einer vielfältigen Jugendarbeit. Die Chöre
erfüllten Aufgaben im Rahmen
der Produktionen der Rundfunkklangkörper, waren aber neben
der chorsinfonischen Literatur
auch einem ideologisch ver-
brämten Repertoire verpflichtet.
Zahlreiche Kinderliedsätze und
-arrangements aus der Feder
des Chorleiters erfreuen sich bis
in die Gegenwart hinein großer Beliebtheit und sind nach
wie vor Bestandteil des Repertoires des MDR Kinderchores.
Sandig leitete den Chor bis zu
seinem Tod im Herbst 1989.

Franz Konwitschny, Gewandhauskapellmeister 1949—1962

Franz Konwitschny dirigiert das Gewand-
hausorchester
Fotografie von Roger und Renate Rössing,
um 1950
Dresden, Sächsische Landesbibliothek,
Deutsche Fotothek

Für die Leipziger muss der Di-
rigent der Inbegriff des wieder
aufblühenden Musiklebens nach
dem Krieg gewesen sein – da-
von zeugt nicht allein die große
Anteilnahme an seinem Tod im
Jahre 1962. Franz Konwitsch-
ny (1901–1962), der in jungen
Jahren im Anschluss an das
Studium schon als Geiger und
Bratscher im Gewandhausorchester gespielt hatte, war politisch
zwar nicht unbeleckt durch die
Erfahrungen und sein im Sinne
der Machthaber betriebenes
Wirken in den Jahren des NS-
Regimes, konnte aber nach dem
Krieg seine Karriere umgehend
und uneingeschränkt fortsetzen.
Aus Hannover kam er 1949 nach
Leipzig und griff als Gewand-
hauskapellmeister nachhaltig die
Vorkriegstradition des großen
klassisch-romantischen Repertoires auf. Das Gewandhausorchester, das in diesen Jahren in
der Kongreßhalle am Zoo spielte,
konnte auch in der internationalen Wahrnehmung – nicht
zuletzt durch die Präsenz im
Rahmen der Messekonzerte –
an den Ruhm der Vergangenheit anknüpfen. Ab 1953 stand
Konwitschny parallel zunächst
an der Spitze der Staatskapelle
Dresden, später der Deutschen
Staatsoper und Staatskapelle
Berlin. Der Dirigent verstarb
während einer Konzertreise
in Belgrad und wurde auf dem
Leipziger Südfriedhof beigesetzt.

Hinrichsen wird zum zweiten Mal enteignet, 1950

Johann Sebastian Bach: Violinkonzert
(BWV 1041) in der Bearbeitung für Vio-
line und Klavier von David Oistrach und
Wilhelm Weismann
Leipzig: Edition Peters Nr. 4996, 1962
Leipzig, Stadtbibliothek, Musikbibliothek

Während Henri Hinrichsen
1942 den Tod im Konzentrati-
onslager gefunden hatte, war es
zumindest einigen seiner Kinder
gelungen, Deutschland rechtzeitig zu verlassen, darunter den
Söhnen Max (1901–1965) und
Walter (1907–1969). Während
Ersterer eine Niederlassung des
Musikverlages Peters in London
gründete, etablierte Walter den
Firmensitz in New York. Er war es
auch, der 1945 als amerikanischer
Offizier nach Leipzig zurück-
kehrte. Er erhielt den Verlag
seines Vaters zunächst zurück
und begann das Geschäft wieder
aufzubauen – in Kooperation
mit den beiden englischspra-
chigen Niederlassungen. Doch
lange währte die Illusion nicht,
vom einstigen Firmensitz aus
ein international tätiges, privat
geführtes Geschäft betreiben zu
können. 1950 wurde die Familie abermals enteignet – dieses
Mal Walter Hinrichsen durch
den SED-Staat. Der Verleger
ging nach Westdeutschland und
ließ sich mit seinem Musikverlag in Frankfurt am Main
nieder, während die Leipziger
Firma als »Volkseigener Betrieb
(VEB) Edition Peters« weitergeführt wurde. Die hier entste-
henden praktischen Ausgaben
waren allerdings nicht allein
auf dem DDR-Markt gefragt.

EDITION PETERS

Nr. 4996

BACH

Violinkonzert

BWV 1041

a-Moll – A minor – la mineur

Violine und Klavier

(D. Oistrach/Weismann)

Johann Sebastian Bach erhält seine letzte Ruhestätte in der Thomaskirche, 1950

Das Grab von Johann Sebastian Bach in der Thomaskirche
Fotografie von Brüggemann, um 1965
Leipzig, Stadtgeschichtliches Museum

Es war das Ende einer bemerkenswerten Odyssee, die die Gebeine Johann Sebastian Bachs nach dessen Tod angetreten hatten. 1750 war der Thomaskantor auf dem Spitalfriedhof der Johanniskirche bestattet worden. Im Zuge der Bach-Renaissance zu Beginn des 20. Jahrhunderts wurden die Gebeine exhumiert und durch den Anatomen Wilhelm His, auf dessen Rekonstruktion auch der Entwurf des Bachdenkmals auf dem Thomaskirchhof zurückgeht, identifiziert, um anschließend in einem Steinsarkophag unter der Johanniskirche beigesetzt zu werden. Bei der Bombardierung 1943 wurde auch die Johanniskirche nahezu vollständig zerstört. Eine heftige Diskussion um den Verbleib des in seiner Gruft unbeschädigt gebliebenen Sarkophags entbrannte. Aus den verschiedenen Vorschlägen und architektonischen Lösungen machte schließlich die Überführung der sterblichen Überreste in die Thomaskirche das Rennen. Am 28. Juli 1950, Bachs 200. Todestag, wurde die neue Grabstätte eingeweiht. Bis in die Gegenwart ist das mit einer schlichten Bronzeplatte bedeckte Grab Anziehungspunkt für Touristen aus aller Welt.

Die Gründung des Bach-Archivs Leipzig, 1950

Das Bach-Archiv im Gohliser Schlösschen
Plakat, um 1960
Leipzig, Bach-Archiv

Es ist bemerkenswert, mit welchem Weitblick bereits 1950 aus Anlass des 200. Todestages Johann Sebastian Bachs die Idee zur Schaffung einer zentralen Anlaufstelle für die Bachforschung umgesetzt wurde. Die Vielfalt und der Reichtum der weit über Wirkungsstätten und Ländergrenzen hinaus verteilten Dokumente und Handschriften mit Bezug zu Johann Sebastian Bach mag in Verbindung mit der niemals auch nur ansatzweise in Frage gestellten Bedeutung des Meisters ausschlaggebend gewesen sein, ein Archivkonzept zu entwickeln, das in jener Zeit in seinem Anspruch zumindest in der Musikforschung einzigartig gewesen ist. Die Bündelung, Erfassung und Sicherung des Dokumentenbestandes wurde mit eindrucksvoller Nachhaltigkeit betrieben – einschließlich des Nachweises externer Bestände im Kleinbildformat – und über die Jahre ein System entwickelt, das bis in die Gegenwart Bestand hat. Das Archiv nahm zunächst im Alten Rathaus Quartier; 1951 zog es ins Gohliser Schlösschen um. Von 1979 bis zur Wende wurde das Archiv zum Bestandteil der »Nationalen Forschungs- und Gedenkstätten J. S. Bach der DDR« und verlor seine Eigenständigkeit. Seit 1985 ist das Bach-Archiv zusammen mit dem Bach-Museum im Bosehaus am Thomaskirchhof untergebracht.

Die Gründung des Internationalen Johann Sebastian Bach-Wettbewerbs, 1950

Auftritt von Tatjana Nikolajewa beim
V. Internationalen Bachfest im Kleinen
Saal des Gewandhauses, 1985
Fotografie von Barbara Stroff
Leipzig, Bach-Archiv

Den vielfältigen weltweiten Bemühungen um die Interpretation der Musik Johann Sebastian Bachs eine Plattform zu bieten und damit auch das Ansehen des jungen Staates DDR zu stärken, der das Werk des Thomaskantors zu seinem »humanistischen Erbe« zählte, das mögen zwei Hauptgründe gewesen sein, die zur Einführung des Internationalen Johann Sebastian Bach-Wettbewerbes im Jahre 1950 führten. Die Etablierung Leipzigs als internationales Zentrum der Bachpflege war ein zentrales kulturpolitisches Anliegen jener Jahre. Der Jury des ersten Bach-Wettbewerbs gehörte Dmitri Schostakowitsch (1906–1975) an. Der Sieg der Pianistin Tatjana Nikolajewa (1924–1993) in jenem Jahr ist bis heute legendär; sie konzertierte ihr Leben lang regelmäßig in Leipzig. Zu DDR-Zeiten war der Bach-Wettbewerb tatsächlich eine internationale Angelegenheit. Preisträger kamen zwar häufig aus den Ländern des Warschauer Vertrages, doch auch aus dem sogenannten kapitalistischen Ausland einschließlich der BRD. Der Wettbewerb wird bis in die Gegenwart durch das Bach-Archiv veranstaltet und findet seit 1996 im Zweijahresturnus statt; bis dahin wurde er von 1964 an regelmäßig alle vier Jahre ausgetragen. Ein entscheidendes Anliegen des Wettbewerbs ist seit jeher die Förderung der Bachpflege sowohl auf historischen als auch modernen Instrumenten.

Die Thomasschule zieht in die Hillerstraße, 1951

Weihnachtssingen der Thomaner
Fotografie, um 1955
Leipzig, Stadtgeschichtliches Museum

Nachdem die Thomaner bereits nach den Luftangriffen 1943, bei denen Schule und Alumnat beschädigt wurden, ausquartiert worden waren, wurde das Schulgebäude in der Schreberstraße bei einem Bombenangriff 1944 völlig zerstört. Die Ruine wurde im Jahre 1951 abgerissen. Zur selben Zeit bezog die Einrichtung das Gebäude der einstigen Volksschule in der Hillerstraße 7. Hier residierten die Thomaner allerdings nur bis 1973. Zu diesem Zeitpunkt – nun unter dem Namen Erweiterte Oberschule (EOS) Thomas – wurde die Bildungsstätte in einen circa 1,5 Kilometer entfernt gelegenen Plattenbau in der Pestalozzistraße umgelagert. Das Gebäude in der Hillerstraße wurde – weiterhin unter dem Namen Thomas-Oberschule – zu einer Polytechnischen Oberschule (POS), der Schulform, die zur mittleren Reife führte. Dies geschah wohl vor allem aus Gründen der Raumkapazität. Im Jahre 2000 kehrte das Gymnasium Thomasschule wieder in den an das Alumnat angrenzenden Bau in der Hillerstraße 7 zurück. Zuvor war das Gebäude im Sinne zeitgemäßer Standards rekonstruiert und mit einem Anbau versehen worden, der als Foyer auch einen würdigen Versammlungsraum bietet. Heute ist sie Bestandteil des Projektes Forum Thomanum.

SEI UNS GEGRÜSST, DU WEIHNACHTSFEST,
WIR FEIERN DICH IN OST UND WEST.
DIE ÄSTE SICH VERZWEIGEN,
UND ÜBER DEUTSCHLAND HOCH IM RAUM
WÖLBT SICH DER VÖLKER FRIEDENSBAUM
UND GLÄNZT IM STERNENREIGEN.
JOH · R · BECHER

Das Leipziger Hornquartett, 1951

Das Leipziger Hornquartett in der Besetzung der Jahre 1951–1954 mit Johannes Prinz, Kurt Janetzky, Günter Schaffrath, Johannes Stiehm (v. l. n. r.)
Fotografie, um 1951
Leipzig, Archiv des Leipziger Hornquartetts

Die Tatsache, dass es 1951 gegründet wurde und bis in die Gegenwart permanent existiert, macht das Leipziger Hornquartett einzigartig. Kein anderes Ensemble der Gattung kann auf eine so lange, permanent verlaufende Geschichte zurückblicken. Das gemeinsame Ziel, Robert Schumanns »Konzertstück für vier Hörner und Orchester op. 86« zu spielen, war Anlass für vier Hornisten des Rundfunk-Sinfonieorchesters, sich zu einem Kammermusikensemble zusammenzufinden. Das Werk galt zu diesem Zeitpunkt noch weitgehend als unspielbar. Die Erweckung des Schumannschen Konzertstücks im Oktober desselben Jahres war die öffentliche Feuertaufe eines Ensembles, das von nun an zum festen Bestandteil der Leipziger Musikszene wurde und die vielen Umbrüche auch im Umfeld des Rundfunkorchesters – wenngleich mit einigen zwangsläufigen Besetzungswechseln – unbeschadet überdauerte.

Regelmäßige kammermusikalische Auftritte zählen seit 1953 zu den Projekten des Leipziger Hornquartetts, das eine umfassende Liste an Schallplatten- und CD-Einspielungen vorlegen kann. Dabei stützen sich die Musiker weitgehend auf das klassisch-romantische Repertoire bis in die klassische Moderne hinein.

Wiederaufbau des Musikinstrumentenmuseums

Paul Rubardt: Führer durch das Musik-
instrumenten-Museum der Karl-Marx-
Universität Leipzig
Leipzig: Breitkopf & Härtel, 1955
Verlagsarchiv

Keine spektakuläre Wiedereröffnung war es, die den Leipzigern
quasi auf einen Schlag die Sammlung des Musikinstrumentenmu-
seums nach dem Kriege wieder
zugänglich gemacht hätte, eher
ein zähes und mühsames Ringen
um die Rettung der Schätze und
um ihre Rekonstruktion. Zu groß
und verheerend waren die Schä-
den, die die Sammlung im Krieg
erlitten hatte. Bei einem Bombenangriff im Dezember 1943
war das Grassimuseum ausge-
brannt, nicht alle Bestände waren
zuvor in Sicherheit gebracht
worden – Archiv, Bibliothek und
auch einige wertvolle Tasten-
instrumente wurden zerstört.
Und auch die Auslagerung konnte nicht immer ein Garant für die
sichere Rettung sein. Plünderung
und unsachgemäße Lagerung
verursachten nachhaltige Schä-
den. Daher entschlossen sich
die Verantwortlichen zu einer
schrittweisen Wiedereröffnung,
nachdem die Räumlichkeiten
wieder instandgesetzt waren.
Schritt für Schritt wurden der
Lehr- und Ausstellungsbetrieb
sowie die Forschungsarbeit aufgenommen. Durch systematische
Ankäufe und die Übernahme
bedeutender Privatsammlungen
konnte sich die Kollektion wieder
einen Ausnahmerang erarbei-
ten. Glücklicherweise konnte die
Sammlung in den 1970er Jahren
zusammengehalten werden,
obwohl es Bestrebungen gab, sie
in den Westen zu verkaufen.

FÜHRER DURCH DAS
MUSIKINSTRUMENTEN-MUSEUM
DER KARL-MARX-UNIVERSITÄT
LEIPZIG

VEB BREITKOPF & HÄRTEL MUSIKVERLAG LEIPZIG

Gründung einer Volksmusikschule, 1951

Geigenunterricht an der Musikschule
Leipzig
Fotografie von Uwe Pullwitt, 1975
Leipzig, Stadtgeschichtliches Museum

Musikalische Bildung jedem unabhängig von seiner Herkunft —
und ganz besonders Arbeiter-
und Bauernkindern — zugänglich
zu machen, war eines der zentralen Ziele des DDR-Bildungs-
systems. Die Einrichtung von
Musikschulen in Analogie zum
Verwaltungssystem des Landes
vollzog sich allmählich in den
Jahrzehnten nach Staatsgrün-
dung. So wurde 1951 in Leipzig
zunächst eine Volksmusikschule
mit einer Mandolinen- und einer
Gitarrenabteilung ins Leben

gerufen, die 1960 zur Volkskunst-
schule erhoben und erst nach
sukzessiver Erweiterung ab
1961 als »Musikschule Leipzig«
betrieben wurde. 1976 schließlich wurde sie in den Rang einer
Bezirksmusikschule erhoben.
Schnell orientierte sich das System der Musikschulen an einem
ebenfalls zentral vorgegebenen
Leistungsprinzip und Entwick-
lungsmodell, das heute nicht selten kritisch gesehen wird, weil es
individuelle Entwicklungsbeson-
derheiten stark beschränkte und

bei der Vergabe von Unterrichts-
plätzen und Leihinstrumenten
nach einem »planwirtschaft-
lichen« Modell funktionierte.
Großer Wert wurde auf den
Austausch mit anderen volks-
künstlerischen Bereichen gelegt.

Breitkopf & Härtel wird VEB, 1952

J. S. BACH

VON

ALBERT SCHWEITZER

PROFESSOR Dr. THEOL., PHIL ET MED.

MIT SECHS ABBILDUNGEN

VORREDE VON CHARLES MARIE WIDOR

54.–63. TAUSEND

VEB BREITKOPF & HÄRTEL MUSIKVERLAG · LEIPZIG

1954

Das Bachbildnis der Thomasschule zu Leipzig
nach seiner Wiederherstellung im Jahre 1913. Gemalt von E. G. Haußmann 1746
Verlag von VEB Breitkopf & Härtel Musikverlag in Leipzig

Albert Schweitzer: J. S. Bach
Leipzig: VEB Breitkopf & Härtel, 1954
Verlagsarchiv

Die Geschichte der heimlichen Hauptstadt des Musikverlagswesens im 20. Jahrhundert hält viele einfache und doppelte Tragödien bereit, Enteignungswellen und Zerstörungen, zum Teil absurde Neu- und Wiedereröffnungen. Als eine der bemerkenswerten Geschichten erscheint in ihrer Kontinuität jene von Breitkopf & Härtel, eines Verlages, der selbst als Volkseigener Betrieb (VEB) Erfolgsgeschichte schrieb. Reihen wie die »Edition Breitkopf« überdauerten Zeiten und Systeme und weisen eine Kontinuität von 1913 bis in die Gegenwart auf. Das Gebäude in der Nürnberger Straße wurde bei Bombenangriffen im Zweiten Weltkrieg massiv beschädigt. Hellmuth von Hase (1891–1979), persönlich haftender Gesellschafter, der bereits 1945 im Westen Firmensitze etabliert hatte, wurde 1952 in Abwesenheit verurteilt und enteignet. Der hiesige Verlag wurde VEB und nicht zuletzt zentraler Vertriebsort der herausragenden Werke Neuer Musik des Landes – Siegfried Matthus (geb. 1934) beispielsweise als, gemessen an Aufführungszahlen, erfolgreichster deutscher Komponist der Gegenwart war im Verlagsprogramm von Breitkopf & Härtel vertreten. Bis zum Mauerfall ein international anerkanntes Verlagshaus, fungierte der VEB nach der erstrittenen Rückgabe 1991 bis 2014 als einer von drei Firmensitzen.

Werner Wolf, Musikredakteur der »Leipziger Volkszeitung«, 1953–1966

Redakteur der »Leipziger Volkszeitung« war Werner Wolf (geb. 1925) lediglich in den Jahren zwischen 1953 und 1966, dennoch prägte der ansonsten als freier Kritiker tätige Gelehrte das Bild des Musikkritikers für Generationen von Leipzigern. Wolf hatte vor dem Studium der Musikwissenschaft in Leipzig und Berlin Klavier und Klarinette studiert. Der Praxisbezug ist seinen oft stark analytisch geprägten Texten anzumerken, die darüber hinaus sehr intensiv das Ziel der Vermittlung musikalischer Bildung verfolgen. Ab 1966 lehrte Wolf am Musikwissenschaftlichen Institut der Universität, wo er über Richard Wagner promoviert hatte und später auch eine Promotion B – die DDR-Entsprechung der Habilitation – absolvierte und schließlich Professor wurde. Neben seinem Einsatz für das Werk Richard Wagners auch zu Zeiten, als dessen Pflege nicht im heutigen Maße in der Musikstadt etabliert war, ist Werner Wolf vor allem auch ein ausgewiesener Spezialist für die Musik Dmitri Schostakowitschs, der in der DDR ambivalent aufgenommen wurde. Bis in die Gegenwart schreibt Werner Wolf Musikkritiken für unterschiedliche Medien und ist auf seinem Platz im Gewandhaus mit der Partitur auf den Knien ein wesentlicher Bestandteil des Bildes der Musikstadt.

Deutscher Verlag für Musik (DVfM) ergänzt Verlagslandschaft, 1954

Musikgeschichte in Bildern. Band I: Musikethnologie. Paul Collaer: Ozeanien
Leipzig: Deutscher Verlag für Musik, 1965
Verlagsarchiv

Nachdem die berühmten Leipziger Musikverlage wie Breitkopf & Härtel, Edition Peters oder Friedrich Hofmeister in volkseigene Betriebe umgewandelt worden waren, entstand 1954 mit dem Deutschen Verlag für Musik (DVfM) in Leipzig ein neuer Verlag, der – im Gegensatz zu den enteigneten Alt-Verlagen – auch in der Bundesrepublik und im westlichen Ausland agieren konnte, weshalb ein wesentlicher Teil der Lizenzgeschäfte über ihn abgewickelt wurde. Zugleich diente er der Grundversorgung der heimischen Künstler. Die großen Gesamtausgaben erschienen hier, aber auch die zur Legende gewordene Reihe »Musikgeschichte in Bildern«. Darüber hinaus verschaffte sich der DVfM eine Sonderstellung bei Urtextausgaben sowie bei musikwissenschaftlichen Veröffentlichungen aller Bereiche, wobei auch eigene Veranstaltungsreihen Impulswirkung hatten. Zu den viel beachteten Projekten zählen die Herausgaben der Schriften Hanns Eislers oder die Gesamtausgaben der Werke von Johann Sebastian Bach, Georg Friedrich Händel und Wolfgang Amadeus Mozart. 1990 verlor der Verlag an Bedeutung, da seine entscheidende Mittlerrolle zwischen Ost und West verloren gegangen war. Gegenwärtig widmet sich ein Forschungsprojekt an der Musikhochschule der Erschließung des einstigen Verlagsarchivs.

MUSIKGESCHICHTE IN BILDERN

BAND I: MUSIKETHNOLOGIE / LIEFERUNG 1

Paul Collaer

Ozeanien

Die Neue Bachausgabe (NBA), 1954–2007

JOHANN SEBASTIAN BACH

NEUE AUSGABE SÄMTLICHER WERKE

Herausgegeben vom
Johann-Sebastian-Bach-Institut Göttingen
und vom
Bach-Archiv Leipzig

Serie II: Messen, Passionen und Oratorische Werke

Band 1

DEUTSCHER VERLAG FÜR MUSIK LEIPZIG
1954

JOHANN SEBASTIAN BACH

Missa
Symbolum Nicenum
Sanctus
Osanna, Benedictus, Agnus Dei
et Dona nobis pacem

später genannt: Messe in h-Moll
BWV 232

Herausgegeben von
FRIEDRICH SMEND

DEUTSCHER VERLAG FÜR MUSIK LEIPZIG
DVfM 5001

Johann Sebastian Bach: Neue Ausgabe sämtlicher Werke. Hrsg. vom Johann-Sebastian-Bach-Institut Göttingen und vom Bach-Archiv Leipzig. Serie II, Bd. 1. Messe in h-Moll (BWV 232), hrsg. von Friedrich Smend
Leipzig: Deutscher Verlag für Musik, 1954
Leipzig, Stadtbibliothek, Musikbibliothek

Es war eines der spektakulärsten Musikeditionsprojekte des 20. Jahrhunderts, das sich ausgerechnet in Hochzeiten des Kalten Krieges über deutsch-deutsche Grenzen hinweg entwickelte: Die Neue Ausgabe sämtlicher Werke Johann Sebastian Bachs (NBA) wurde gemeinsam vom Johann-Sebastian-Bach-Institut Göttingen und dem Bach-Archiv Leipzig herausgegeben. 1954 erschien der erste Band zeitgleich im Deutschen Verlag für Musik (Leipzig) und im Bärenreiter-Verlag (Kassel), wobei Notensatz und Druck in Leipzig erfolgten. Den Anstoß für das Projekt, das der Forschungslage wegen nur im Schulterschluss entstehen konnte, hatte das gemeinsam in Leipzig und Göttingen begangene Bach-Jubiläum 1950 gegeben. Als eine den Standards zeitgemäßer Musikedition genügende Urtextausgabe richtet sich die NBA an Forschung und Praxis gleichermaßen. Mit der Edition gingen zahlreiche Werkentdeckungen einher wie auch diverse Erkenntnisse in Echtheitsfragen. Als die Neue Bachausgabe 2007 mit einem Festakt im Gewandhaus abgeschlossen wurde, waren die politischen Widernisse der Anfangsjahre längst überwunden. Die aus 96 Notenbänden (jeweils mit kritischem Bericht) und fünf Supplementbänden bestehende Edition stellt ebenso ein Denkmal der funktionierenden gesamtdeutschen Bachpflege des 20. Jahrhunderts dar wie einen Höhepunkt des kritisch-wissenschaftlichen Musikeditionswesens der Zeit.

Viertes Akademisches Konzert des Akademischen Orchesters der Karl-Marx-Universität am 22. Februar 1958
Plakat, 1958
Leipzig, Stadtgeschichtliches Museum

Als fest in der Tradition studentischen Musizierens verankert verstanden viele derer, die sich 1954 um den Dirigenten und Musikwissenschaftler Horst Förster scharten, ihr Projekt. Zunächst unter dem Namen eines Collegium Musicum der Universität Leipzig gründete sich ein Klangkörper, der zu einer der erfolgreichsten Laienmusikeinrichtungen der Stadt im 20. Jahrhundert werden sollte, das Akademische Orchester Leipzig, damals als unmittelbarer Bestandteil der Universität. Im Großen und Ganzen einem populären bürgerlichen Konzertrepertoire verpflichtet, erfahren die Musiker, die nicht zwingend Mitglieder der Universität sein müssen, eine kontinuierliche Unterstützung durch Musiker der ansässigen Berufsorchester. Bemühungen um zeitgenössische – auch regionale – Konzertliteratur prägen die Orchestergeschichte. 1991 wurde der Klangkörper, von dem sich die Universität im Zuge der Wende getrennt hatte, in die Trägerschaft eines gemeinnützigen Vereins überführt. Bis zur Gegenwart spielt das Akademische Orchester Leipzig unter seinem Gründer und füllt mit seiner Abonnementreihe aus jährlich sechs Konzerten den Großen Saal des Gewandhauses in der Regel bis auf den letzten Platz.

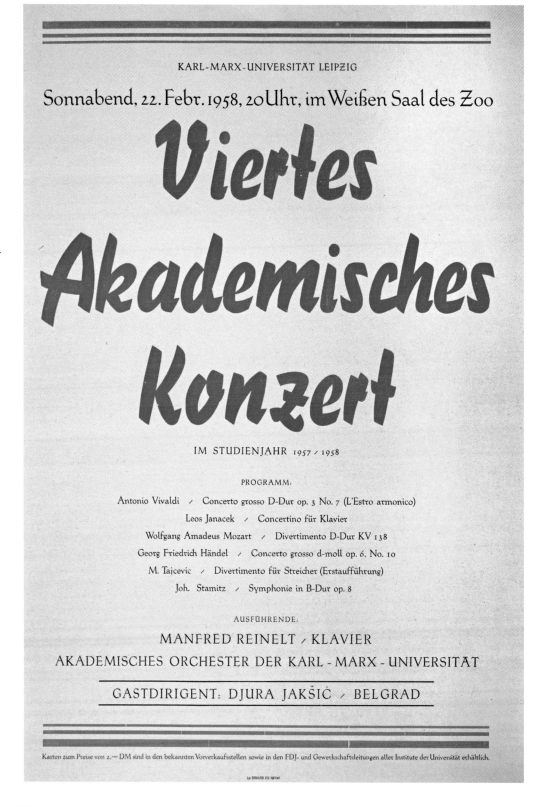

KARL-MARX-UNIVERSITÄT LEIPZIG

Sonnabend, 22. Febr. 1958, 20 Uhr, im Weißen Saal des Zoo

Viertes Akademisches Konzert

IM STUDIENJAHR 1957 / 1958

PROGRAMM:

Antonio Vivaldi / Concerto grosso D-Dur op. 3 No. 7 (L'Estro armonico)
Leos Janacek / Concertino für Klavier
Wolfgang Amadeus Mozart / Divertimento D-Dur KV 138
Georg Friedrich Händel / Concerto grosso d-moll op. 6, No. 10
M. Tajcevic / Divertimento für Streicher (Erstaufführung)
Joh. Stamitz / Symphonie in B-Dur op. 8

AUSFÜHRENDE:

MANFRED REINELT / KLAVIER
AKADEMISCHES ORCHESTER DER KARL - MARX - UNIVERSITÄT

GASTDIRIGENT: DJURA JAKŠIĆ / BELGRAD

Karten zum Preise von 2.— DM sind in den bekannten Vorverkaufsstellen sowie in den FDJ- und Gewerkschaftsleitungen aller Institute der Universität erhältlich.

Lp 2054/58 (I) 18/14)

Die Gründung des Kabaretts »Leipziger Pfeffermühle«, 1954

Gerd Holger (am Klavier) und die Kabarettisten Manfred Uhlig, Conrad Reinhold, Siegfried Mahler, Joachim Loeb, Ursula Schmitter und Ellen Tiedtke in einer Szene des Pfeffermühlen-Programms »Rührt Euch!«
Fotografie, 1956
Leipzig, Archiv Pfeffermühle

Die Rolle des politischen Kabaretts in der DDR war überaus komplex: Einerseits unterlag es einer strikten politischen Kontrolle; es wurde erklärtermaßen Zensur geübt. Andererseits kanalisierte sich hier dennoch – auf zum Teil sehr elegante Weise – Unmut über Missstände. Diese Kritik an den staatlichen Zensoren vorbei auf die Bühne zu bringen, sie so geschickt zu verpacken, dass sie unbemerkt durchging, wurde zu einer Art Sport unter den Künstlern; und eben diese Kunst genoss hohe Anerkennung beim Publikum. Weil die Programme relativ langsam entstanden und ein Reagieren auf aktuelle Entwicklungen kaum möglich war, wurde die Arbeit auch am wirkungsvollen Couplet mit großer Intensität und Akribie betrieben, wobei die musikalischen Einflüsse immer vielfältig waren. Auch auf diesem Gebiet wurde Leipzig mit diversen Ensembles ein interessantes künstlerisches Zentrum. Die 1954 gegründete »Leipziger Pfeffermühle« stellt bis heute eines der großen Aushängeschilder nicht nur der städtischen Kabarettszene dar. Bis zur Wende war das Kabarett eine städtische Einrichtung und galt in den späten Jahren der DDR sogar als Werbemaßnahme des Landes gen Westen.

89

Fritz Geißler, Vorsitzender des Komponistenverbands 1956–1968

Fritz Geißler
Fotografie von Barbara Stroff, um 1965
Leipzig, Stadtgeschichtliches Museum

Die Organisation im Verband der Komponisten und Musikwissenschaftler der DDR war für viele Musiker existenziell – hier wurde nicht zuletzt »Versorgungspolitik« betrieben. Dies galt sowohl für Kompositionsaufträge und andere künstlerische oder künstlerisch-pädagogische Tätigkeitsfelder als auch in weit darüber hinausgehenden sozialen und infrastrukturellen Belangen. In nicht wenigen Fällen ist verbürgt, dass auf Intervention der Verbandsgremien Telefonanschlüsse oder Wohnungszuweisungen vergeben wurden. Wie nahezu alle Organisationen des Landes folgte auch der Komponistenverband einem streng zentralistisch aufgebauten Verwaltungsprinzip. Jeder Komponist gehörte einem Bezirksverband an. Zwangsläufig zählte der Leipziger Verband neben dem Berlins zu jenen mit der schillerndsten Ausstrahlung. Als sein Repräsentant grub sich in zwölfjähriger Amtszeit ein Komponist ins Bewusstsein, dessen Opern wie »Der zerbrochene Krug« oder »Der verrückte Jourdain« zu DDR-Zeiten häufig gespielt wurden, in der Gegenwart aber fast der Vergessenheit anheimgefallen sind: Fritz Geißler (1921–1984), der später auch als Professor für Komposition an der Musikhochschule das Bild Leipzigs prägte.

David Oistrach prägt das Bild des Violinvirtuosen, 1957

David Oistrach während einer Konzert-
probe
Fotografie von Evelyn Richter, 1963
Dresden, Sächsische Landesbibliothek,
Deutsche Fotothek

Er war eine lebende Legende –
im Osten wie im Westen, und das
mitten im Kalten Krieg. David
Oistrach (1908–1974) prägte auch
in seinen Leipziger Konzerten
entscheidend das Bild des zeitgenössischen Violinvirtuosen
und das der Literatur für sein
Instrument. Legendär wurde
sein Auftritt mit dem Gewandhausorchester 1969 im Festkon-
zert anlässlich des 250-jährigen
Jubiläums des Musikverlages
Breitkopf & Härtel. Als Grenz-
gänger – Oistrach nahm mit

Karajan auf und interpretierte
gleichzeitig den sowjetischen
Komponisten Aram Chatscha-
turjan – stärkte er auch eine
Art ostdeutscher künstlerischer
Hoffnungskultur. Das Erbe David
Oistrachs als Interpret im Bewusstsein nicht nur der Leipziger
Musikkultur trat bald sein Sohn
Igor Oistrach (geb. 1931) an. Beide
Musiker beeinflussten nachhaltig
eine Spieltradition, die weit über
die Grenzen des Ostblocks hinaus Jahrzehnte Bestand haben
sollte, aber in ihrem grundsätz-

lich stark romantischen Ansatz
speziell in der Bach-Interpreta-
tion nicht unumstritten war.

Im Sinne historischer Aufführungspraxis – »Capella Fidicinia«, 1957

Konzert- und Gastspieldirektion Leipzig / Kulturpalast Dresden

Fachschule für Tanz Leipzig - Staatliche Ballettschule -

Choreographie und Einstudierung: Manfred Schnelle

Solisten: Jane Pörs, Gerlinde Häusler, Marion Starke, Manfred Schnelle, Peter Borchardt, Werner Loose

Korrepetition der Tänze: Almuth Reuther

Capella Fidicinia

am Musikinstrumenten-Museum der Karl-Marx-Universität

Leitung: Dr. Hans Grüß

Vokalsolisten: Christel Klug, Ulrike Taube, Käthe Röschke, Wolf Reinhold, Günther Schmidt

Dienstag, 22. Januar 1974, 19.30 Uhr, Kulturpalast Dresden

Musik und Tanz der Shakespeare-Zeit

Englische Madrigale, Tänze und Consort-Fantasien

Eintrittspreise: 3.-, 5.-, 6.- und 8.- M

Vorverkauf: Christa Farchim, Kesselsdorfer Str. 4; Konzertkasse Ziegenbalk, Schillerplatz 14; Moden-Helfer, Schäferstr. 7; Kasse des Kulturpalastes, Schloßstr.

Musik und Tanz der Shakespeare-Zeit
Konzert der Fachschule für Tanz Leipzig und der Capella Fidicinia im Kulturpalast Dresden am 22. Januar 1974
Plakat, 1974
Leipzig, Stadtgeschichtliches Museum

Die große internationale Welle der historischen Aufführungspraxis hatte noch nicht einmal recht begonnen, als sich der Musikwissenschaftler Hans Grüß (1929–2001) am Musikinstrumentenmuseum der Universität Leipzig für ein Projekt ins Zeug legte, das nicht nur bis in die Gegenwart Bestand hat, sondern schlicht als visionär eingeschätzt werden muss. Grüß, der als Sonderling in seinem Fach geschätzt wurde, weil er konsequent den Wissenshorizont seiner Diszi-plin in zwei Richtungen erwei-terte – nämlich in die historisch gegensätzlichen der sogenannten Alten und Neuen Musik –, grün-dete 1957 an seiner Wirkungs-stätte ein Ensemble mit dem erklärten Ziel, Alte Musik auf Originalinstrumenten zu spielen. Für die DDR war die »Capella Fidicinia« ein absoluter Vorrei-ter. Dass dies einen erheblichen Forschungs- und Arbeitsauf-wand erforderte, aber auch eine ganze Menge Überzeugungskraft innerhalb der Musikszene, ist offensichtlich. Umso bemerkens-werter erscheint es, wie der Au-ßenseiter seinem Außenseiter-ensemble in kürzester Zeit einen festen Platz in der ostdeutschen Ensembleszene eroberte. Seit dem Tod von Grüß im Jahre 2001 liegt die Leitung des Ensembles in den Händen seines Schülers Martin Krumbiegel (geb. 1963). Das Repertoire umfasst Musik aus dem 15. bis 18. Jahrhundert.

Die Gründung des Leipziger Tanzarchivs, 1957

Eine Volkstanzgruppe
Fotografie, um 1965
Leipzig, Tanzarchiv, NL Petermann

Kurt Petermann (1930–1984) hatte seine Laufbahn zunächst der Bewahrung und Erforschung des Tanzes innerhalb der Folklore verschrieben. Dieses Interesse stand ursprünglich auch im Mittelpunkt der Gründung des Tanzarchivs Leipzig (TAL), das sich jedoch im Laufe der Jahre mehr und mehr zu einer Dokumentationsstelle aller Bereiche des Tanzes vom klassischen Ballett über das Tanztheater bis hin zum Volkstanz entwickelt hat. Im Interesse der Etablierung der

Tanzwissenschaft als eigenständiger wissenschaftlicher Disziplin arbeitete das Archiv an der Entwicklung einer deutschsprachigen Tanzbibliographie, die bis ins 15. Jahrhundert zurückreicht. Seit deren Abschluss haben sich Forschungsfeld und Sammlungsspektrum stetig erweitert und vor allem auch der Positionierung der Tanzwissenschaft angepasst. Das ursprünglich zur Akademie der Künste der DDR gehörende Archiv fungiert seit 1993 als gemeinnütziger

Verein, dessen Gründung auf eine gemeinsame Initiative von Universität und Musikhochschule zurückgeht. Die weltweit einzigartige Sammlung enthält mittlerweile wertvolle Bestände wie den Nachlass des Tänzers und Choreographen Uwe Scholz (1958–2004) oder des Gründers Kurt Petermann, der nicht zuletzt – wie auch in diesem Bild – die Basisarbeit von Volkstanzgruppen dokumentierte, im Sinne der Wahrung einer vielfältigen Tradition.

Siegfried Tiefensee wird Kapellmeister am Theater der Jungen Welt, 1958

Schneewittchen und die sieben Zwerge, Szene aus dem DEFA-Film »Schneewittchen« von 1961 in der Regie von Gottfried Kolditz und mit der Musik von Siegfried Tiefensee
Szenenbild, Fotografie von Karin Blasig
Berlin, DEFA-Stiftung, Archiv

Es war ein Privileg der Sprechtheater der DDR, über die Institution des Schauspielkapellmeisters als feste Stelle zu verfügen. Meist wurden die entsprechenden Posten an ausgebildete Komponisten vergeben. Und nicht selten waren es Positionen, an denen sich überraschende Möglichkeiten zu einer vom Staat wenig beobachteten Entfaltung im handwerklich-ästhetischen Sinne boten. So findet sich auch in den Musiken von Siegfried Tiefensee (1922–2009) für Kin-

dertheater sowie bei vielen Kollegen an den Schauspielhäusern der DDR illustrativ eingesetzt manches Element – zum Beispiel aus dem Beat –, das in anderem Kontext hätte Anstoß erregen können. Tiefensee schuf im Laufe der Jahre eine bemerkenswerte Zahl musiktheatralischer Werke für Kinder – vom Ballett über das Musical bis zur Oper und zum Songspiel –, die in den meisten Fällen zu unrecht in der Gegenwart kaum noch gespielt werden. Die bis heute wohl am

häufigsten »gespielte« Musik ist jene zu dem DEFA-Kultfilm »Schneewittchen« aus dem Jahre 1961, dessen Zwergenlied Generationen von in der DDR groß gewordenen Kindern freiwillig mit größter Freude trällerten. Ob dem Musiker eine andere Position im DDR-Musiksystem bestimmt gewesen wäre, wenn er sich nicht deutlich zum Katholizismus bekannt hätte, darüber lässt sich nur spekulieren.

Herbert Kegel prägt den Klang des Rundfunkorchesters, 1960–1978

Herbert Kegel bei einer Probe des
Rundfunk-Sinfonieorchesters
Fotografie, um 1965
Leipzig, Stadtgeschichtliches Museum

Da Herbert Kegel (1920–1990) bereits zwei Jahre vor seiner Ernennung zum Chefdirigenten das Rundfunk-Sinfonieorchester (RSO) Leipzig geleitet hatte, sind es tatsächlich zwei Jahrzehnte, in denen der Dirigent die Entwicklung des Orchesters entscheidend geprägt hat – und allein das macht diese Symbiose schon einzigartig. Obendrein hatte Herbert Kegel bereits ab 1949 als Leiter des Rundfunkchores in Leipzig gewirkt. Auch mit Blick auf die Biografie des Dirigenten lassen sich die Jahrzehnte in Sachsen durchaus als Glanzzeit beschreiben. In einem ausgewogenen Repertoire räumte der Dirigent mit bemerkenswerter Konsequenz der Musik von Zeitgenossen herausragende Plätze ein, etablierte sich als einer der profundesten Kenner und Förderer der Musik seiner Zeit, ohne allzu starke Rücksicht auf zentrale politisch-ästhetische Vorgaben zu nehmen, setzte sich ebenso für Paul Dessau (1894–1979) und Luigi Nono (1924–1990) wie für die jüngere Komponistengeneration ein, für die beispielsweise der Name Paul-Heinz Dittrich (geb. 1930) steht. Neben herausragenden Ur- und Erstaufführungen unter der eigenen musikalischen Leitung holte Kegel namhafte Kollegen und Spezialisten ans Pult des RSO, so zum Beispiel Jean Françaix (1912–1997) oder Boris Blacher (1903–1975). Kegels Orff-Einspielungen sind neben anderen seiner Platten maßstabsetzend bis in die Gegenwart.

Der erste Opernhaus-Neubau der DDR, 1960

Die Oper Leipzig am Karl-Marx-Platz
Fotografie von Peter Bauer, 1965
Privatbesitz

1960 wurde in Leipzig der erste Opernhaus-Neubau der DDR eröffnet, ein einzigartiges architektonisches Zeugnis der Epoche – und zugleich der einzige Opernhaus-Neubau dieses Ausmaßes. Bereits 1950 hatte der Ministerrat des Landes beschlossen, an der Stelle des bei einem Luftangriff 1943 zerstörten Neuen Theaters ein neues Haus errichten zu lassen. Bei seiner Einweihung zehn Jahre später war es eines der modernsten Theater Europas. Mehrere Wettbewerbe mussten ausgeschrieben werden, und auch der schließlich prämierte Entwurf von Kunz Nierade (1901–1976) und Kurt Hemmerling (1898–1977) wurde im Geiste der staatlich vorgegebenen Ästhetik überarbeitet. Dennoch folgt der Bau einem eher neoklassizistischen Prinzip, das in diesem Ausmaß als Alleinstellungsmerkmal zu sehen ist, einer der Gründe dafür, dass das Haus in der Gegenwart unter Denkmalschutz steht. Der Bau kostete 44,6 Millionen DDR-Mark. Die Sandsteinfassade ist mit zahlreichen Ornamenten versehen, die Staatssymbolik und Insignien der beteiligen Künste verbinden. Das Opernhaus ist bis in die Gegenwart Spielstätte von Opernensemble und Leipziger Ballett. Das in den 1970er Jahren eröffnete Kellertheater – eine Kammerbühne, die phasenweise immer wieder zeitgenössischem Repertoire Raum einräumte – wurde mittlerweile stillgelegt.

Oper Leipzig – Prestigeobjekt des DDR-Kulturbetriebs, 1960

Das Foyer der Oper Leipzig
Ansichtskarte, um 1960
Verlagsarchiv

Nicht nur in technischer Hinsicht war der Opernhausneubau in Leipzig einzigartig. Die Weitläufigkeit der Foyers, die der sozialen Repräsentation dienten, ist nicht allein in dieser Zeit tatsächlich einmalig. Die Anlage lässt noch heute erahnen, welcher enorme Stellenwert dem Neubau und damit der künstlerischen Entwicklung in der Musikstadt von der Regierung der DDR zugewiesen wurde. Neben der Intendantenloge verfügte das Haus über eine Staatsratsloge, beide mit eigenen Zugangs- und Empfangsbereichen. Die Logen bieten zwar nur eingeschränkte Sicht zur Bühne, garantieren jedoch das »Gesehen-Werden« in verblüffender Weise. Doch auch im allgemeinen Publikumsbereich ist die Rolle des Prestigeobjektes mehr als deutlich, dabei ist der Rekurs der Materialien auf unterschiedliche Rohstoffe und Produktionszweige des Landes mehr als eindeutig, aber auch auf eindrucksvolle Importmöglichkeiten. In akustischer Hinsicht haben die Architekten die technischen Möglichkeiten dieser Zeit intensiv ausgeschöpft. Mit einem Orchestergraben, der knapp 90 Musikern Platz bietet, eröffnete der Neubau die Möglichkeit, das große romantische Repertoire – insbesondere das Werk Richard Wagners – in der Musikstadt zu spielen.

Joachim Herz' maßstabsetzende »Meistersinger«-Inszenierung, 1960

»Die Meistersinger von Nürnberg« in der
Inszenierung von Joachim Herz an der
Oper Leipzig
Fotografie von Helga Wallmüller, 1960
Leipzig, Stadtgeschichtliches Museum

Bis in die 1970er Jahre hinein war
die Wagner-Rezeption der DDR
ein schwieriges und komplexes
Kapitel, das erst an Brisanz
verlor, als Regisseure wie Harry
Kupfer (geb. 1935) und Joachim
Herz (1924–2010) mit spektakulären Inszenierungen ein
neues Wagner-Bild etablierten.
Bei Herz waren es weitgehend
die Wagner-Jubiläen, die in der
Geburtsstadt des Komponisten
nicht ohne Widerhall bleiben
sollten und einer neuartigen
Lesart des Wagnerschen Musik-

dramas Tür und Tor öffneten.
Herz setzte in Leipzig jene
Vorstellung von musikalischem
Theater fort, die er sich zuvor als
Assistent von Walter Felsenstein
(1901–1975) an der Komischen
Oper Berlin zu eigen gemacht
hatte. Der Ansatz eines realis-
tischen Musiktheaters, der auf
historischen und philologischen
Vorstudien aufbaut, sorgte damals für Furore – insbesondere
im Zusammenhang mit dem
Werk Richard Wagners. Herz
war von 1959 bis 1976 Operndi-

rektor am Opernhaus Leipzig.
1960 entstand hier zur Eröffnung
des einzigen Opernhaus-Neu-
baus der DDR seine legendäre
Inszenierung der »Meistersinger von Nürnberg«, 1976 folgte
anlässlich des 100. Jahrestages
der Uraufführung des Bühnen-
festspiels seine spektakuläre
Sicht auf »Der Ring des Nibelun-
gen«. Joachim Herz, der 2010 in
Leipzig starb, ist auf dem städtischen Südfriedhof bestattet.

Die »leichte Muse« bekommt in Lindenau eine Heimat, 1960

Dmitri Schostakowitsch: »Alle helfen Lidotschka«. Operette. Erstaufführung am Kleinen Haus in Lindenau
Plakat von Isolde Hamm, 1962
Leipzig, Stadtgeschichtliches Museum

Mit der Fertigstellung des Opernhauses am Karl-Marx-Platz konnte das Theatergebäude in Lindenau wieder seiner ursprünglichen Bestimmung zugeführt werden – der leichten Muse. Das »Haus Dreilinden«, bis heute das Operettenhaus der Stadt, erhielt zunächst den Namen »Kleines Haus« und dann unter der künstlerischen Leitung des Regisseurs Erhard Fischer ein eigenes Ensemble als zweites Musiktheater – Chor, Orchester und Solistenensemble waren von vornherein weitgehend unabhängig vom Opernhaus. Neben der auch in der DDR beliebten Gattung Operette wurden leichtere Opern inszeniert. In den ersten Jahren wurden zudem noch kleinere zeitgenössische Opern im Repertoire des Hauses verankert. Erst 1968 wurde mit der Umbenennung in »Musikalische Komödie« die angelegte Trennung klar besiegelt. Mehr und mehr etablierten sich das Musical und das musikalische Lustspiel als unverzichtbare Bestandteile des Repertoires. Wolfgang Weit, Schüler sowohl von Fischer als auch von Joachim Herz, wurde 1965 künstlerischer Leiter und 1968 Direktor des nun – im Rahmen des städtischen Theaterbetriebs – eigenständigen Theaters. Weit errichtete damit eines der wenigen Spezialensembles für Operette und Musical in der DDR, dessen Erfolgsgeschichte bis in die Gegenwart andauert.

Erhard Mauersberger, Thomaskantor 1961–1972

Erhard Mauersberger bei einer Probe mit
Thomanern
Fotografie von Heinz Mangold, um 1965
Leipzig, Stadtgeschichtliches Museum

Nach einem Intermezzo unter
dem Thomaskantorat von Kurt
Thomas (1904–1973), der das Amt
nach dem Tod Günther Ramins
übernommen hatte, setzte die
Stadt Leipzig mit der Ernennung von Erhard Mauersberger
(1903–1982) eine Tradition fort.
Auch Mauersberger war einst
Mitglied des Chores gewesen,
auch er hatte Orgel bei Karl
Straube am Leipziger Konservatorium studiert. Das entscheidende Verdienst Mauersbergers
in der Position des Thomaskan-

tors war der konsequente Einsatz
für das traditionelle geistliche
Repertoire und sogar für die generelle kirchenmusikalische Bindung des Chores. Als Präsident
des Bach-Komitees der DDR
stärkte er ab 1963 die entsprechende Position. Vorübergehend
hatte Mauersberger auch die
Leitung des Gewandhauschores
inne. Bis heute umstritten, wenn
nicht gar mysteriös sind die Umstände seines Ausscheidens aus
dem Amt des Thomaskantors im
Jahre 1972. Offiziell kommuni-

ziert wurde ein Unfall, in dessen
Folge sich der Musiker eine so
schwere Kopfverletzung zugezo-
gen habe, dass er dem Amt nicht
mehr gewachsen gewesen wäre.
Allerdings bestand offenbar ein
deutlicher Zusammenhang mit
Mauersbergers Positionierung
zur aktuellen DDR-Kulturpolitik,
für die er nicht mehr tragbar war.
Erhard Mauersberger starb 1982
in Leipzig. Sein Grab befindet
sich auf dem Südfriedhof.

Das Leipziger Ballett entwickelt eine neue Ästhetik

Anita Hütter und Norbert Thiel in dem
Ballett »Das Fanal« in der Choreographie
von Emmy Köhler-Richter
Fotografie von Helga Wallmüller,
25. Juni 1961
Leipzig, Stadtgeschichtliches Museum

Mit dem Opernhaus-Neubau
erhielt auch das Leipziger Ballett
ein neues Domizil. Gezielt wollte
man an die Avantgardetradition
der ersten Jahrhunderthälfte
anknüpfen und dennoch ein Theater präsentieren, das im Sinne
der Staatsästhetik repräsentativ
war. Es erfolgte ein Ausbau des
Ensembles. Über die Jahre instal-
lierte das Leipziger Ballett eine
Reihe von Stars, die zum Teil gewaltige Anhängerscharen hatten.
Eindrucksvollstes Beispiel war
der Meistertänzer Norbert Thiel

(1936–2011), der viele Jahre über
die übliche Dauer einer Tänzer-
karriere hinaus auf der Bühne
stand. Bis Dietmar Seyffert (geb.
1943) in der Spielzeit 1978/79 die
künstlerische Leitung übernahm
und mit spektakulären Sichten
auf Ballettklassiker Akzente
setzte, war Emmy Köhler-Richter
(1918–2013) Chefchoreographin
am Karl-Marx-Platz. Mit Uraufführungen – wie dem Ballett
»Das Fanal« nach einer Musik
des in der DDR recht bekannten
Wolfgang Hohensee (geb. 1927) –

oder aber Balletten zu existie-
renden Kompositionen absoluter Musik wie dem »Bolero«
von Maurice Ravel oder George
Gershwins »Ein Amerikaner
in Paris« begründete sie einige
Trends, die auch in den Spielplä-
nen kleinerer DDR-Theater ihren
Widerhall fanden. Stilistisch entwickelte das Leipziger Ballett von
nun an deutlich seine Meisterschaft im klassischen Bereich.

Die Gründung des Leipziger Synagogalchores, 1962

Der Leipziger Synagogalchor unter der Leitung von Helmut Klotz
Fotografie, um 1975
Privatbesitz

Auf die wechselvolle Traditi-on Leipziger Synagogalmusik hatten sich die Mitglieder des bereits 1951 durch den Oberkan-tor Werner Sander (1902–1972) gegründeten Leipziger Orato-rienchores fokussiert, als sie den Leipziger Synagogalchor ins Leben riefen. In der Regel waren und sind es nicht-jüdische Sänger, die sich intensiv mit der jüdischen Musiktradition allgemein und jener Leipzigs im Besonderen auseinanderset-zen. Dabei genügt das Ensemble

nahezu professionellen Ansprü-chen. Da »Folklorepflege« in der DDR höchste Förderung genoss, ist es nicht verwunderlich, dass der Leipziger Synagogalchor be-reits etwa ein Jahr nach seinem ersten öffentlichen Auftritt im Jahre 1964 eine erste Langspiel-platte bei ETERNA, dem Platten-label der DDR für ernste Musik, vorlegte. Es blieb nicht die ein-zige. Im Leipziger Bewusstsein ist der Chor nahezu untrennbar mit dem Namen von Helmut Klotz (geb. 1935) verbunden. Der

Tenor am Opernhaus übernahm die Leitung des Ensembles 1972 und hat entscheidenden Anteil an dessen internationalem Ruf. 2012 wurde der junge Sänger und Chorleiter Ludwig Böhme (geb. 1979) sein Nachfolger.

Die Gründung des Leipziger Symphonieorchesters, 1963

Das Staatliche Sinfonieorchester des Bezirkes Leipzig unter dem Dirigenten Karl-Gerhard Seher
Fotografie, 1963
Leipzig, Archiv des LSO

Es zeugte von einem gewissen wirtschaftlichen Aufschwung, zugleich und vor allem aber davon, dass es die DDR-Kulturpolitik mit ihrem Ansatz der kulturellen Gleichbehandlung, der Schaffung einer Grundversorgung mit Kultur ernst meinte, als in den 1960er Jahren jene Regionen und Gebiete, die in kultureller Hinsicht eher schwach oder einseitig bestückt waren, konsequent mit dem in den Augen der Verantwortlichen Notwendigen versorgt wurden. Zwar gab es in Leipzig selbst eine blühende Musikszene, doch konnte man nicht davon ausgehen, dass diese die Arbeiter in den umliegenden industriellen Ballungszentren erreichen würde. 1963 wurde aus diesem Grunde das Leipziger Symphonieorchester (LSO) gegründet als staatliches Orchester des Bezirkes Leipzig. Über Anrechte – so der DDR-übliche Name für Abonnements in Theatern und Kulturhäusern – wurden die Angehörigen von Betrieben und Bildungseinrichtungen quasi kollektiv und zu einem winzigen Preis mit den Angeboten versorgt. Der Bau von Kulturhäusern in industriellen Ballungszentren und Kreisstädten, die über dergleichen noch nicht verfügten, stand unmittelbar damit in Zusammenhang. Die Kulturhäuser in Borna und Böhlen – noch heute Spielstätten des LSO – dokumentieren das.

Der »King of Jazz« gastiert in Leipzig, 1965

Louis Armstrong bei seinem Auftritt in der Messehalle III, neben ihm der Posaunist Tyree Glenn, 24. März 1965
Fotografie von Evelyn Richter, 1965
Dresden, Sächsische Landesbibliothek, Deutsche Fotothek

Bis heute berichten Zeitzeugen der Konzerttour Louis Armstrongs (1901–1971) durch die DDR davon, welche Initialzündung diese Begegnung mit dem Ausnahmekünstler für viele gewesen ist. Dabei grenzten die Konzerte – darunter eines am 24. März 1965 in der Messehalle III in Leipzig – eigentlich an ein Wunder, auch wenn sich die Kulturfunktionäre ein argumentatives Hintertürchen offenhielten mit der These, dass es sich beim Jazz um die »Musik der unterdrü-
ckten Schwarzen« in den USA handle. In Wirklichkeit sah man darin eine politische Aufwertung der DDR, wenn der »King of Jazz« das Land besuchte. Vor dem Leipziger Konzert wies Stasi-Major Peterhänsel seine Leute an, »das gesamte Netz der inoffiziellen Mitarbeiter auf diese Veranstaltungen hinzuweisen«. Es sei damit zu rechnen, »dass der Auftritt Louis Amstrongs [!] durch Jugendliche zu Provokationen ausgenutzt« werde. Besonders sei auf Jugendliche zu achten, »die in der
Vergangenheit bei Tanzveranstaltungen negativ aufgefallen sind.« Armstrongs Konzerte wurden zum Triumphzug, in dessen Folge auch in der DDR immer mehr Jazz-Schallplatten erscheinen konnten und eine größere Anzahl von Jazz-Clubs und -Ensembles gegründet wurde. Dennoch behielt der Jazz bis zum Ende des Systems den Beigeschmack des Subversiven, weil sich der Stil ob der großen Improvisationsanteile den Möglichkeiten vollständiger Kontrolle entzog.

Die Leipziger Beat-Demo, 1965

»The Butlers« mit Hans-Dieter Schmidt (Schlagzeug), Joachim Richter (Gitarre, Gesang), Bernd Schlund (Gitarre, Gesang) und Klaus Renft (Bassgitarre)
Fotografie, 1965
Verlagsarchiv

Ohne Frage zählt die Beat-Demo, die in manchen Beschreibungen sogar als »Beataufstand« oder aber »Beatkrawalle« auftaucht, zu den sonderbarsten Marginalien der DDR-Musikgeschichte. Zugetragen hat sie sich am 31. Oktober 1965 mitten in Leipzig. Mehr oder weniger spontan gingen junge Menschen auf die Straße, um sich gegen diverse Verbote von Beatmusik in öffentlichen Clubs und vor allem gegen die Einschränkung regionaler Beat-Gruppen zur Wehr zu setzen. Konkreter Anlass war das kurz zuvor ausgesprochene Verbot von insgesamt 54 der 58 in Leipzig registrierten Bands. Es mag heute als Paradoxon erscheinen, dass die größte nicht genehmigte Demonstration in der DDR seit dem Aufstand vom 17. Juni 1953 einen musikalischen Anlass hatte. Allerdings war vom Verbot auch die Band »The Butlers« betroffen, die ein zentraler kultureller Hoffnungsträger war. Natürlich ist es nicht schwer, diese Äußerung kultureller Jugendemanzipation unter die Vorboten des Jahres 1968 zu subsumieren, als der Prager Frühling mit der Ostblockpolitik als Ganzes auch die Kulturpolitik in Frage stellte. Sie sagt aber auch eine Menge über den Stellenwert dieser Musik im Bewusstsein der Menschen aus. Die Demo wurde gewaltsam aufgelöst, Teilnehmer wurden zum Teil mit harten Strafen belegt.

Gesellschaft für Musikforschung: Bericht über den Internationalen Musikwissenschaftlichen Kongress Leipzig 1966 Kassel, Basel, Tours, London: Bärenreiter Verlag; Leipzig: VEB Deutscher Verlag für Musik, 1970 Verlagsarchiv

Zu den erstaunlichen Phänomenen der deutschen Geschichte zu Zeiten des Kalten Krieges gehört die Tatsache, dass auf dem Gebiete der Musikforschung noch lange ein gesamtdeutsches Denken möglich war und viele Forschungskooperationen – insbesondere im Editionswesen – jahrzehntelang über Grenzen hinweg unterhalten wurden. Die Gründe dafür mögen vielfältig und gerade auf dem Editionssektor auch wirtschaftlicher Natur gewesen sein, aber auch mit der nicht vordergründig politischen Rolle zu tun haben, die die Musikwissenschaft selbst in der DDR spielte. Dennoch sollte der Kongress, den die Gesellschaft für Musikforschung 1966 in Leipzig abhielt, bis zur Wende der letzte thematisch offene gesamtdeutsche Kongress sein. Die internationale Tagung führte zu einigen spektakulären wissenschaftlichen Begegnungen und zum vorläufig letzten Schaulaufen der musikwissenschaftlichen Hoffnungsträger beider Seiten, zeigte Entwicklungsrichtungen auf, die die Jahre der Teilung prägen sollten, machte aber auch die bereits großen Differenzen im Forschungsansatz und wissenschaftlichen Selbstverständnis deutlich.

GESELLSCHAFT FÜR MUSIKFORSCHUNG

BERICHT
ÜBER DEN INTERNATIONALEN
MUSIKWISSENSCHAFTLICHEN
KONGRESS
LEIPZIG 1966

BÄRENREITER KASSEL · BASEL · TOURS · LONDON
VEB DEUTSCHER VERLAG FÜR MUSIK LEIPZIG

Uraufführung von Paul Dessaus »Deutschem Miserere«, 1966

Paul Dessau und Herbert Kegel
Fotografie, um 1966
Leipzig, Archiv des MDR

Die Zusammenarbeit des Komponisten Paul Dessau (1894–1979) mit den Leipziger Rundfunk-Klangkörpern und dem Dirigenten Herbert Kegel ist ebenso legendär wie bis heute maßstabsetzend, wenn es um eine Verantwortung des Interpreten gegenüber zeitgenössischer Musik und der zeitgenössischen Musik gegenüber der Gesellschaft geht. Die Uraufführung von Dessaus »Deutschem Miserere« im Jahre 1966 in der Leipziger Kongreßhalle ist unstrittig eines der schlagenden Zeugnisse dieser Symbiose, wenn auch oder gerade weil sie nicht den Anfang einer wirklichen Rezeptionsgeschichte darstellte. Noch während des Zweiten Weltkrieges hatte Paul Dessau sein Werk begonnen. Ihm liegen Texte der »Kriegsfibel« Bertolt Brechts zugrunde. Als der Komponist 1947 das pazifistische Stück beendet hatte, begann schon das Wetterleuchten des Kalten Krieges. Neben der nicht im zentralen Interesse der Machthaber liegenden Tonsprache des Werkes mag darin ein weiterer Grund gelegen haben, dass erst Herbert Kegel beinahe zwei Jahrzehnte später die Uraufführung übernahm, die durch Diaprojektionen begleitet wurde. Im Jahre 2011 besann sich das Opernhaus Leipzig auf das Werk und seine Leipziger Tradition und brachte eine spektakuläre szenische Sicht von Dietrich W. Hilsdorf (geb. 1948) auf die Bühne.

Juliette Greco singt in der Leipziger Kongreßhalle, 1966

Juliette Greco, Kongresshalle Leipzig,
30. Januar 1966
Plakat unter Verwendung eines Fotos von
Arno Fischer, Berlin, 1966
Leipzig, Stadtgeschichtliches Museum

Juliette Greco (geb. 1927), Gilbert Bécaud (1927−2001), Charles Aznavour (geb. 1924), aber auch der Mann mit dem Schlapphut und dem Schmetterling, Danyel Gérard (geb. 1939) – die Legenden des französischen Chansons hatten einen festen Platz in den Unterhaltungssendungen des DDR-Fernsehens. Nicht selten waren es solche Namen, mit denen auch in Leipzig ein allgemeines Bedürfnis nach westlichem Glamour befriedigt wurde. So bildeten

Konzerte wie jenes von Juliette Greco am 30. Januar 1966 in der Kongreßhalle herausgehobene Momente im DDR-Alltag. Gewiss scheiden sich heute die Geister daran, nach welchen Regeln die in jedem Falle erschwinglichen Tickets zu solchen Veranstaltungen vergeben wurden. Doch generell ist nur zu deutlich, dass ein Interesse vorhanden war, der Messestadt auf allen Gebieten in künstlerischer Hinsicht eine gewisse weltstädtische Attitüde zu verleihen. Dabei gaben die

Kulturverantwortlichen unter den verschiedenen Optionen westlicher Angebote gern französischen Künstlern den Vorzug – zum einen lag das an der ambivalenten politischen Entwicklung in dem Land mit seiner starken sozialistischen Front, zum anderen aber auch an der Möglichkeit, auf diese Weise englischsprachige Angebote zu vermeiden.

Die Gründung des Leipziger Tanztheaters, 1967

Erkundungen. Tanztheater Deutsche
Post, Leipzig, Haus der heiteren Muse,
3. März 1986
Plakat, Druck von Signograph, 1986
Leipzig, Stadtgeschichtliches Museum

Die Etablierung kreativen
Schaffens aus der Arbeiterklas-
se heraus war ein erklärtes Ziel
der Kulturpolitik der DDR. Die
Förderung künstlerischer Selbst-
verwirklichung im Sinne des
Systems kostete den Staat große
Summen. Wie diese verwendet
wurden und inwieweit dabei
nur amateurhaftes Schaffen
oder doch schon ein zweiter, oft
nicht minder anspruchsvoller
Kunstmarkt entwickelt wurde,
hing in großem Maße von den
Akteuren ab – sowohl auf Seiten
der Künstler als auch der politisch Verantwortlichen. Insofern
differierten von Bezirk zu Bezirk
nicht nur jene Bereiche, in denen
Angebote existierten – wobei
Zirkel schreibender Arbeiter
sowie sogenannte »Arbeiterthe-
ater« wahrscheinlich überall auf
Kreisebene vorhanden waren –,
sondern auch der jeweils manifestierte Anspruch. Im Falle der
Gruppe, die 1967 als »Tanzstudio
der Deutschen Post« an den Start
ging, entwickelte sich über die
Jahre hinweg ein Tanztheater
mit mindestens semi-professi-
onellem Anspruch und ästhe-
tischem Innovationsbewusstsein,
das in der Gegenwart als Verein
»Leipziger Tanztheater« weiter
existiert und mit zum Teil namhaften Choreographen wie Irina
Pauls (geb. 1961) zusammenar-
beitet. Jürgen Goewe hatte das
Ensemble auf dem Weg dorthin
zunächst zu einer der führenden
Tanzgruppen der DDR gemacht.

Die Sprengung der Universitätskirche, 1968

Die Sprengung der Universitätskirche
Fotografie von Karin Wieckhorst, 1968
Leipzig, punctum Fotografie

Am 30. Mai 1968 wurde einer der
in kunsthistorischer Hinsicht
widersinnigsten Beschlüsse der
DDR-Regierung im Leipzig der
Nachkriegszeit umgesetzt. Die
Sprengung des historischen Bau-
ensembles um die Paulinerkir-
che, die Leipziger Universitätskirche, war ein nie dagewesenes
und aus baulicher Hinsicht völlig
unnötiges Sakrileg, von dem auch
eine langjährige Orgeltradition
betroffen war. Die Kirche war das
Zentrum der Universitätsmusik,
die seit 1926 in besonderer Blüte
stand. Friedrich Rabenschlag
(1902–1973), der in einem Madri-
galkreis sangesfreudige Kommi-
litonen um sich versammelte,
wurde 1933 Kantor der Universitätskirche St. Pauli. Nachdem
es ohnehin gehäuft zu gemein-
samen Projekten mit der Univer-
sitätskantorei gekommen war,
erfolgte 1938 der Zusammen-
schluss zum Universitätschor.
Friedrich Rabenschlag leitete den
Chor bis 1962. Er wurde durch
Hans-Joachim Rotzsch abgelöst.
Noch heute prägt der Chor entscheidend die Musik im Umfeld
der Universität. Bis in die Gegenwart hinein – nicht zuletzt unter
Wolfgang Unger (1948–2004)
und im neuen Jahrtausend
insbesondere unter der Leitung
von David Timm (geb. 1969) –
setzt die Universitätsmusik in
der Musikstadt Maßstäbe.

Václav Neumann gibt die Position als Gewandhauskapellmeister auf, 1968

Václav Neumann dirigiert
Fotografie, um 1980
Verlagsarchiv

Es war eines jener Ereignisse, bei denen man sich fragen muss, ob Musikgeschichte nicht völlig anders verlaufen wäre, wenn die politischen Umstände andere gewesen wären: Nach nur vier Jahren als Gewandhauskapellmeister legte Václav Neumann (1920–1995) sein Amt nieder und verließ die DDR aus Protest gegen den Einmarsch der Länder des Warschauer Paktes in die Tschechoslowakei zum Zwecke der Niederschlagung des Prager Frühlings. Nicht nur

in der Pflege der tschechischen Nationalliteratur setzte er künstlerisch neue Maßstäbe, auch seine Mahler-Interpretationen waren mustergültig. Neumann hatte auch schon vor der Berufung ans Gewandhaus intensiv in der DDR gewirkt, nicht zuletzt als Chefdirigent der Komischen Oper Berlin. Zuvor war er in seiner tschechischen Heimat erfolgreich als Geiger und Dirigent tätig gewesen, u. a. in Brno und Karlovy Vary sowie als Mitbegründer und Primarius des

Smetana-Quartetts. Der Rücktritt in Leipzig war von großer Symbolkraft und blieb in der Wahrnehmung dies- und jenseits des Eisernen Vorhangs nicht folgenlos – von 1970 bis 1972 wirkte Neumann als Chefdirigent an der Staatsoper Stuttgart sowie – bis zu seiner Pensionierung 1990 – als Chefdirigent der Tschechischen Philharmonie Prag.

Musikalischer TV-Kult aus Leipzig: »Da liegt Musike drin«, 1968–1985

Reiner Süß in der 100. und letzten Sendung von »Da liegt Musike drin«
Fotografie, 1985
Berlin, Ullstein-Bild

Für viele DDR-Bürger war der gemütliche und dennoch stets ungemein agile Bassbuffo Reiner Süß (1930–2015) der Inbegriff musikalischer Fernsehunterhaltung. Der ehemalige Thomaner und seit 1960 international renommierte Kammersänger an der Berliner Staatsoper beherrschte den Brückenschlag zwischen bürgerlicher Musiktradition und Trivialmusik so geschickt, dass sich darauf ein Sendekonzept aufbauen ließ: »Da liegt Musike drin« wurde von 1968 bis 1985 an Samstagabenden zur besten Sendezeit im ersten DDR-Fernsehen ausgestrahlt. Es hat wohl in knapp zwei Jahrzehnten Sendungsgeschichte musikalisch fast nichts gegeben, was es nicht gab – Bach-Solosuiten neben Schlager, Spitzen-Musiker aus dem Westen neben DDR-Größen. Alles in allem handelte es sich um eine jener Vorzeigesendungen, die sich die DDR etwas kosten ließ. Ein politisch geschickter Schachzug – kam doch das Pendant zum Schlachtschiff der DDR-Fernsehunterhaltung »Ein Kessel Buntes«, der aus Berlin gesendet wurde, aus Leipzig. Das »Haus der heiteren Muse« grub sich fast als das Zuhause von Süß ins Bewusstsein der Zuschauer – dabei war es nur das, was vom legendären »Krystallpalast« übrig geblieben war, nachdem der Zirkus Aeros 1961 das Zwischendomizil verlassen hatte.

112

Michael Rosenthal übernimmt die Musikalienhandlung M. Oelsner, 1969

Michael Rosenthal und seine Mitarbeiter
vor der Musikalienhandlung M. Oelsner
in der Schillerstraße
Fotografie von Matthias Hoch, 1987
Leipzig, Archiv Matthias Hoch

Wer in Leipzig Musikalien kaufen will, weiß, wohin er sich wenden muss. Seit weit über einem Jahrhundert ist das so: Man geht »zu Oelsner«. Und seit fast einem halben Jahrhundert weiß man auch, dass man sich dort in allen Fragen der Notenbeschaffung, Beratung und Geschenkempfehlung vertrauensvoll an Michael Rosenthal wenden kann. Der Musikwissenschaftler übernahm das Geschäft 1969 von seiner Großmutter Johanna Oelsner, die es seit 1937, dem Todesjahr ihres

Mannes, geführt hatte. Es gelang, das Geschäft auch über die Jahre der DDR weiter als Privatbetrieb zu führen, eine absolute Ausnahme, die sich vor allem aus der Sonderstellung des Leipziger Musiklebens erklärt. Seit 1976 ist der Laden in der Schillerstraße beheimatet – zunächst in der Nummer drei, seit 1998 in einem größeren Ladenraum nebenan in der Nummer fünf. Kultstatus genoss und genießt die Musikalienhandlung nicht nur bei Leipziger Musikern. Neben Noten,

Büchern und CDs findet man bei Oelsner auch Tickets für die einschlägigen städtischen Musikereignisse. Bis in die Gegenwart hinein ist der Laden mit den wohlsortierten Regalen und der viel gepriesenen Atmosphäre ein Treffpunkt der Musikszene, der mittlerweile auch zu Lesungen und Präsentationen einlädt.

Die Gründung der Gruppe Neue Musik »Hanns Eisler«, 1970

Die Gruppe Neue Musik »Hanns Eisler« mit Burkhard Glaetzner (Oboe), Dieter Zahn (Kontrabass), Hans Jürgen Wenzel (Komposition), Gerd Schenker (Schlagzeug), Matthias Sannemüller (Viola) und Friedrich Schenker (Posaune) (v. l. n. r.)
Fotografie von Gert Mothes
Leipzig, Archiv Gert Mothes

Weder pflegeleicht noch stromlinienförmig – ausgerechnet unter den strengen Augen des DDR-Kultursystems konnte sich eines der innovativsten Spezialensembles für Neue Musik etablieren: die Gruppe Neue Musik »Hanns Eisler«. Der Oboist Burkhard Glaetzner (geb. 1943) und der Posaunist und Komponist Friedrich Schenker (1942–2013) bildeten über Jahre hinweg die treibenden Kräfte hinter der Gründung durch Musiker des Gewandhaus- und des Rund-funk-Sinfonieorchesters Leipzig. Neben der Interpretation von Werken des Namenspatrons und anderer Komponisten der jüngeren Vergangenheit war es das erklärte Ziel, den Komponisten eine Versuchsanordnung zu bieten. Dies wurde reichlich und erfolgreich genutzt. Zahllose Werke wurden im Laufe der Jahre für das Ensemble geschrieben und durch es aus der Taufe gehoben. Musiker wie Georg Katzer (geb. 1935) oder Friedrich Goldmann (1941–2009) ließen sich durch das außerordentliche Niveau inspirieren. Aber auch als Interpreten von Werken der klassischen Moderne oder der Zweiten Wiener Schule waren die Musiker aufs höchste anerkannt. Ihr Repertoire umfasste ebenso Musiken von Dieter Schnebel (geb. 1930), Karlheinz Stockhausen (1928–2007) oder Iannis Xenakis (1922–2001). Nach einem Konzert im Rahmen der Musikbiennale in Berlin löste sich das Ensemble 1993 auf.

Kurt Masur, Gewandhauskapellmeister 1970–1996

Kurt Masur bei einer Probe mit dem Gewandhausorchester
Foto von Raphael/Zentralbild, 3. September 1970
Leipzig, Stadtgeschichtliches Museum

Nach dem Rücktritt von Václav Neumann entschied man sich nach längerer Suche für eine sichere Bank als Gewandhauskapellmeister. Kurt Masur (1927–2015), der bisherige Leiter der Dresdner Philharmonie, galt als gefestigte Persönlichkeit und als national wie international etablierter Künstler. Über ein Vierteljahrhundert hinweg prägte Masur das Klangbild des Gewandhausorchesters. Zudem hat er mit seinem Einsatz für den Neubau des Gewandhauses sowie für die Wiederentdeckung der Musik von Felix Mendelssohn Bartholdy Herausragendes geleistet. Als Dirigent war Kurt Masur immer international gefragt. Nach der politischen Wende und seinem Einsatz im Rahmen der Montagsdemonstrationen bekleidete er von 1991 bis 2002 mit der Leitung der New Yorker Philharmoniker eines der ehrenvollsten musikalischen Ämter überhaupt. Seinen Vertrag als Gewandhauskapellmeister beendete er 1996. Bis an sein Lebensende 2015 wirkte der zuletzt an Parkinson erkrankte Musiker als Ehrendirigent des Gewandhausorchesters, nahm noch im Rollstuhl an diversen Festakten teil und wirkte als Lehrer bei den Meisterkursen der Mendelssohn-Akademie. Als Persönlichkeit war Kurt Masur umstritten, auch, weil ein durch ihn verursachter Autounfall, bei dem neben zwei weiteren Menschen auch seine zweite Frau ihr Leben verlor, niemals vor Gericht kam.

Arbeiterfestspiele in Leipzig, 1971

»Singt das Lied des Sozialismus«, Chor- und Orchesteraufführung in der Kongreßhalle bei den 13. Arbeiterfestspielen in Leipzig am 6. Juni 1971
Foto von Katschoriwski/Zentralbild, 1971
Leipzig, Stadtgeschichtliches Museum

Volkstanzgruppen, Blaskapellen, Bands und mehr – die Arbeiterfestspiele hatten einem SED-Parteitagsbeschluss des Jahres 1958 zufolge das Ziel, der Breitenkultur, der sogenannten »Volkskunst« des Landes, eine Plattform zu bieten. Sie vereinten Volksfest- und Messecharakter. Zunächst jährlich, ab 1972 im Zweijahresturnus wurden die Arbeiterfestspiele in den Bezirksstädten des Landes ausgetragen. Dass Leipzig, Messe- und heimliche Kulturhauptstadt,

nur einmal Austragungsort der einwöchigen Arbeiterfestspiele war, ist bezeichnend. Ist auch der kulturpolitische Hintergrund des Festivals aus heutiger Sicht strittig, so schuf die Veranstaltung doch gerade im Musikbereich diversen Laienensembles eine öffentliche Wahrnehmung, die sonst nicht erreichbar gewesen wäre. Folglich war die Teilnahme für viele Laienmusiker überaus erstrebenswert. Das Festival bot einerseits Gelegenheit zum Austausch mit

Gleichgesinnten, andererseits ein Podium für künstlerische Darbietungen. Insofern spielten sich 1971 auf den Straßen und Plätzen Leipzigs verschiedenste künstlerische Begegnungen ab. Hierin dokumentierte sich in entscheidendem Maße Zeitgeist, andererseits wurden gerade nach den Ereignissen von 1968 diese Leipziger Arbeiterfestspiele von vielen Seiten mit hohen Erwartungen verbunden.

Verstaatlichung der Klavierbaufirma Blüthner, 1972

Vorführung des Konzertflügels Blüthner
Modell 1 auf der Leipziger Frühjahrs-
messe
Fotografie von Löwe/Zentralbild, 1967
Leipzig, Stadtgeschichtliches Museum

Auch die Klavierbaufirma
Blüthner war durch den Zweiten Weltkrieg nicht unberührt
geblieben. Bei dem Bombenangriff, der im Jahre 1943 das
Firmengebäude bis auf seine
Grundmauern zerstörte, gingen
auch nahezu alle Dokumente
zur Firmengeschichte in Flam-
men auf. Zwar begann man nach
Kriegsende, die Produktion
wieder voranzutreiben, so dass
ab 1948 die ersten Instrumente
ausgeliefert werden konnten,
allerdings wurde der Wirkungsradius der Fabrikantenfamilie
zunehmend eingeschränkt.
Der Betrieb wurde schließlich
1972 verstaatlicht und firmierte
fortan unter dem Namen »VEB
(Volkseigener Betrieb) Blüthner
Pianos«. Dass auch in der DDR-
Zeit der ursprüngliche Name
beibehalten wurde, ist als ein
bemerkenswertes Bekenntnis
zur Tradition zu verstehen. Dies
dürfte vor allem damit zu tun
gehabt haben, dass das Interesse
an den Exportmöglichkeiten sehr
groß war, insbesondere mit Blick
auf die devisenträchtigen Märkte
in Westeuropa und in Übersee.
Daher gab es auch in den Jahren
der DDR eine konsequente
Steigerung der Produktion.
1978 erreichte man die Gesamt-
zahl von 144 000 produzierten
Instrumenten, von denen der
überwiegende Teil ins Ausland
ging, während der heimische
Bedarf kaum befriedigt wurde.

Hans-Joachim Rotzsch, Thomaskantor 1972–1991

Hans-Joachim Rotzsch
Gemälde von Klaus H. Zürner, 1992
Leipzig, Thomasschule

Fast zwei Jahrzehnte prägte der gebürtige Leipziger Hans-Joachim Rotzsch (1929–2013) als Thomaskantor die Geschicke des Thomanerchores und ein bis in die Gegenwart gültiges modernes Klangbild des Chores. Der Kirchenmusiker hatte sich zunächst als Oratorientenor überregional einen Namen gemacht, hatte auch mit dem Thomanerchor häufig als Solist konzertiert und als Stimmbildner für den Klangkörper gewirkt. Zwischen 1963 und 1973 hatte er die Leitung des Leipziger Universitätschores inne. Der Beginn von Rotzschs Thomaskantorat fällt in eine politisch schwierige Zeit, in der der Musiker konsequent die kirchenmusikalischen Traditionen und die mit ihnen in Verbindung stehende spezifische Eigenständigkeit bewahrte. 1991 kam Rotzsch durch seinen Rücktritt der unrühmlichen Entlassung durch die Stadt Leipzig zuvor, nachdem man entdeckt hatte, dass er seit 1973 als Inoffizieller Mitarbeiter (IM) für das Ministerium für Staatssicherheit geführt worden war. Dieser Rücktritt war stark umstritten und von zahlreichen Protesten begleitet. Rotzsch, der 1990 zu den Mitbegründern der Kulturstiftung Leipzig gehörte, wurde 1992 zum ordentlichen Gastprofessor des Mozarteums in Salzburg ernannt. Dort lehrte er bis 2000 Kirchenmusik. Hans-Joachim Rotzsch starb 2013 in Leipzig. Sein Grab befindet sich auf dem Südfriedhof.

Die Thomaner in der DDR

In dulci jubilo. Der Thomanerchor singt zur Weihnachtszeit. Hannes Kästner, Orgel. Dirigent Erhard Mauersberger Schallplattenhülle nach einem Foto von Renate und Roger Rössing, Eterna 8 25 823 (1970) Privatbesitz

Wie schon die Wirkungszeit des Thomaskantors Erhard Mauersberger zuvor war das Thomaskantorat Hans-Joachim Rotzschs durch die Notwendigkeit des Lavierens zwischen dem Anspruch des geistlichen Ensembles und der Staatsdoktrin geprägt, das der Musiker Zeitzeugen zufolge im Sinne des Chores mit Weitblick und Situationsgespür vollführte. Nicht zu vergessen ist aber auch, dass gerade die späten DDR-Jahre jene waren, in denen der Chor aus den technischen und medialen Möglichkeiten und Notwendigkeiten heraus eine neue öffentliche Präsenz erwarb. Bis in die Gegenwart viel beachtete Schallplattenaufnahmen entstanden in den knapp zwei Jahrzehnten. Sie belegen nicht nur das außerordentliche Niveau des Chores, sondern sind zugleich auch gültige Zeugnisse des Bachbildes einer Epoche, die intelligent zwischen einer romantischen Prägung und den Erkenntnissen der historischen Aufführungspraxis vermittelte. Insbesondere gilt dies für die Einspielungen von Johann Sebastian Bachs Kantaten. Das Festhalten an den Traditionen des Chores, die den liturgischen Einsatz einschlossen, ist ebenfalls das Ergebnis beharrlichen Austarierens der Pole, das ein typisches Phänomen innerhalb des DDR-Kulturbetriebes war.

Der »Jazzclub Leipzig« wird gegründet, 1973

4. Jazztage Leipzig 10.–13. Mai 1979 im
FDJ-Studentenklub »Moritzbastei« der
Karl-Marx-Universität Leipzig
Plakat, 1979
Leipzig, Stadtgeschichtliches Museum

Hatte die Jazzszene von jeher
von einer dichten Vernetzung
profitiert, so war dies gerade in
der DDR-Zeit ein unabdingbarer
Garant dafür, dass der Jazz nie
verschwand, sich aber auch nie
so in den Vordergrund spielte,
dass er generell in Gefahr gewesen wäre. Jazz mit Formationen
von der Amateurband bis zum
Jazz-Orchester hat es in der
Stadt seit den vierziger Jahren
immer gegeben. Jazz in den
unterschiedlichsten stilistischen
Ausprägungen fand immer sein
Publikum, sei es unter starker
Kontrolle auf öffentlichen Podien
oder – nicht unbedingt unter weniger Beobachtung – im Halble-
galen. 1973 erhielt die Szene mit
dem neu gegründeten »Jazzclub
Leipzig« eine neue Ausrichtung –
zunächst als »Freundeskreis« im
Rahmen des Kulturbundes der
DDR und damit auf der gleichen organisatorischen Basis,
auf der sich auch die Freunde
der Heimatgeschichte oder des
kreativen Schreibens zusam-
menfanden. Damals war nicht zu
ahnen, dass hieraus ein Netzwerk
hervorgehen würde, das sich als
tragfähig genug erweisen würde,
über das Ende des Staates hinaus
bis ins 21. Jahrhundert wichtige
Jazzereignisse in Leipzig zu or-
ganisieren bzw. von Leipzig aus
in die Welt zu tragen – von den
1976 begründeten »Jazztagen«
bis zum Jazznachwuchspreis
der Marion-Ermer-Stiftung.

Auftrittsverbot für »Renft«, 1975

Schallplattenhülle mit den Porträts der Bandmitglieder Thomas Schoppe (Gesang), Peter Gläser (Gitarre, Gesang), Peter Kschentz (Flöte), Christian Schubert (Klavier, Gesang), Klaus Jentzsch (Renft) (Bass), Jochen Hohl (Drums) Schallplattenhülle, Amiga 855326 (1973) Verlagsarchiv

»Renft« stand 1974 auf dem zweiten Album der Band – schlicht und ergreifend der Bandname; die nächste Schallplatte hieß sechs Jahre später »Rock aus Leipzig« und erschien bereits bei Teldec in der Bundesrepublik. Allen Widernissen zum Trotz hatte die Combo den Sprung in die Öffentlichkeit geschafft, wurde aber bereits 1975 wegen ihrer systemkritischen Texte (u. a. von Gerulf Pannach) mit einem Auftrittsverbot belegt und verschwand dann bis zur Wende in der Versenkung. »Renft« wurde der Inbegriff widerständiger Rockmusik aus der DDR und damit eines Bedürfnisses nach musikalischer Unabhängigkeit im populären Bereich. 1958 gegründet und immer wieder mit Repressalien konfrontiert, hatten die Musiker um Klaus Jentzsch – alias Klaus Renft (1942–2006) – eine der turbulentesten Bandbiographien zu bieten, die es im Land gab. Sex, Alkohol und Rock 'n' Roll hatten sie sich auf die Fahnen geschrieben, machten aber eine Musik, die die Merkwürdigkeiten und Probleme des Landes, in dem sie wirkten, sehr wohl thematisierte. Titel wie »Wer die Rose ehrt« wurden zu Legenden der DDR-Musik. Mit der Wende fanden sich einstige Mitglieder der Combo zu einer Wiedervereinigungstour zusammen, die aber vor allem eine gewisse Nostalgie bediente.

Eine Leipziger Institution – die »Lose Skiffle Gemeinschaft«, 1975

Die »Lose Skiffle Gemeinschaft Leipzig-Mitte« mit Matthias Graf (Django), Michael Güntger, Matthias Dietsch, Hans-Walter Molle (Hansa) und Jürgen Kunz (v. l. n. r.) bei einem Konzert im Studentenclub »Moritzbastei«, um 1980
Fotograf unbekannt
Berlin, ehem. Archiv Peter Kunz

Eigentlich belegt man Bands wie diese wohl mit dem Beinamen »Kult«. Die »Lose Skiffle Gemeinschaft« ist bis heute eine feste Größe in der Leipziger Szene und kann sich rühmen, seit den 1970er Jahren ein äußerst faszinierender Geheimtipp zu sein. Ihre Programme sind eher musikalische Comedy als Konzert. Dass sich Musiker im Osten auf den ohnehin schon dispersen Begriff des Skiffle stützten, ist ebenso viel- wie nichtssagend. Mitreißende Musik, die Wasch-brett ebenso einbindet wie Saxophon, Gitarre und Trompete, Einflüsse aus Klassik, Jazz, Rock, Folk, das bot vielen etwas, aber auch viele Angriffspunkte für Kritik von »oben« – die sich offenbar aber in der Breite der besagten Ansätze, verglichen mit anderen popularmusikalischen Trends, dann doch wieder relativierte. Dass sich 1975 in Leipzig eine Gruppe gründete, die mit dem Namen »Lose Skiffle Gemein-schaft« ein klares Bekenntnis dazu abgab, sich nicht bekennen zu müssen, sich überall bedie-nen zu dürfen, ohne sich binden zu müssen, ein Bekenntnis zu Vielfalt, aber auch zu Unverbind-lichkeit, ist schlicht bezeichnend. Dass eine gewisse Ironie in der Namenswahl, die typisch für die 1970er Jahre ist, relativ wenig reflektiert wurde, ist es auch. In Text und Präsentation sozialkri-tisch ist dieser Skiffle bis heute.

Leipzig wird zu einem Zentrum der Folkmusik-Bewegung, 1976

Die »Folkländer«, Gastgeber der 1. DDR-offenen Folkwerkstatt im Oktober 1976, im Grafikkeller, dem Studentenklub der Hochschule für Grafik und Buchkunst, bei einem Auftritt mit Musikern zweier Berliner Folkbands
Fotografie von Harald Mohr, 1976
Leipzig, Sammlung Wolfgang Leyn

Folkmusik und die damit verbundenen Präsentations- und Rezeptionsformen waren in der offiziellen Wahrnehmung der DDR eine außerordentlich ambivalente Angelegenheit. Zum einen konnte man natürlich nichts Essentielles gegen eine Musikrichtung einwenden, die sich explizit auf im Volke – also eigentlich schon in der Masse – liegende Wurzeln gründete und an dieses Volk richtete; zum anderen aber forderten die entsprechenden Triebe eine Spontaneität, die

sich der üblichen Kontrollierbarkeit entzog, und bedienten sich einer ausgebauten Netzwerkstruktur. Hatte man im Lande bereits seit 1955 dem Volkstanz mit einem Festival in Rudolstadt eine offizielle Plattform gegeben, das noch heute als Rudolstadt-Festival eines der größten des Genres in Europa ist, so suchte eine eigentlich im Volk verwurzelte Folk-Tradition noch ihren Platz. Inspiriert durch im Westen längst etablierte Bands wie »Zupfgeigenhansel« oder

»Liederjan« ging 1976 in Leipzig die Band »Folkländer« an den Start, eine studentische Initiative um Jürgen B. Wolff (geb 1953). Noch im selben Jahr schuf sie der beliebten Musikrichtung eine breite Basis, indem sie zur 1. DDR-offenen Folkwerkstatt einlud. Die »Folkländer« lavierten fortan in wechselnden Besetzungen an der Schnittstelle von Förderung und Duldung.

Roswitha Trexler erhält den Kunstpreis der DDR, 1975

Roswitha Trexler
Fotografie von Schlegel, um 1975
Leipzig, Stadtgeschichtliches Museum

Als man 1975 den Kunstpreis der DDR an Roswitha Trexler (geb. 1936) verlieh, war das zwar bezogen auf den Rang und die Qualität der Sängerin ein üblicher und konsequenter Schritt im Sinne des DDR-Kunstsystems, doch zugleich war es die erstaunliche Anerkennung einer nicht immer systemkonformen Kunst, für die sich die Künstlerin einsetzte und die allein durch ihre Existenz und ihr Wirken intensiv befördert wurde. Kompromisslos und expressiv in ihren Interpretationen, wirkte Trexler direkt und indirekt als Muse einiger Komponisten und hob eine ganze Reihe von Werken aus der Taufe, die bis heute mit ihrem Namen und ihrer Interpretation verknüpft sind. Ihre Aufnahmen von Hanns Eisler-Werken waren ebenso maßstabsetzend wie ihre diversen Kooperationen mit zeitgenössischen Ensembles. Besonders geschätzt wurde sie sowohl für ihre pointierte Textgestaltung, die durch verschiedene Schallplatteneinspielungen dokumentiert ist, wie für eine einzigartige Stilsicherheit. Auch wenn Trexler ihr Hauptwirkungszentrum in ihrer Geburtsstadt Leipzig hatte, war schließlich in den späten DDR-Jahren das durch Trexler und ihren Mann Fritz Hennenberg (geb. 1932) initiierte Avantgarde-Festival im brandenburgischen Wutike auch mit internationalen Gästen weit mehr als ein Geheimtipp innerhalb des Systems.

Beginn der Ära Horst Neumann beim Rundfunkorchester, 1977

Horst Neumann (li.) mit Herbert Kegel
bei einer Probe
Fotografie
Privatbesitz

Keiner der Verantwortlichen konnte erahnen, dass das der Beginn einer Ära sein würde, die sogar die Existenz der DDR überdauern würde. Die Berufung Horst Neumanns (1934–2013) zum Chefdirigenten der Radio-Philharmonie Leipzig, die dann in Rundfunkorchester Leipzig umbenannt wurde, war eine zukunftsträchtige Entscheidung. Der Dirigent, der zuvor bereits als Leiter des Rundfunkchores gewirkt hatte, sollte die Geschicke des Klangkörpers bis zur Neugründung des Mitteldeutschen Rundfunks (MDR) im Jahre 1992 lenken. Schnell wurde er auch zu einer international gefragten Größe und übernahm noch zu DDR-Zeiten parellel zu seiner Tätigkeit in Leipzig die Leitung des Sinfonieorchesters und Chores des Norddeutschen Rundfunks in der Bundesrepublik. Neumann prägte mit großem Erfolg das Bild eines Rundfunkorchesters, das zwischen einer Verpflichtung gegenüber der Moderne und einer medial bedingten Popularität changierte. In seine Ära fällt auch die Begründung der bis in die Gegenwart anhaltenden Tradition der Konzertreihe »Zauber der Musik«, in deren Rahmen ebenso populäre wie spektakuläre Konzertereignisse stattfanden. 1981 beispielsweise gastierte die junge Anne-Sophie Mutter (geb. 1963) erstmals in der DDR. Generell ist der Name der Reihe bis heute Synonym für bestens besuchte Konzerte mit einem verhältnismäßig festen Stammpublikum.

Die Gründung des Neuen Bachischen Collegium Musicum, 1979

Das Neue Bachische Collegium Musicum unter Max Pommer und der Chor der Universität Leipzig, Auftritt beim IV. Internationalen Bachfest der DDR in der Nikolaikirche, 7. Dezember 1981
Fotografie von Jürgen Bischof, 1981
Leipzig, Bach-Archiv

In den 1970er Jahren nahmen in der ganzen Welt die Bemühungen um eine sogenannte Historische Aufführungspraxis an Fahrt auf. Die Basis, die zahlreichen großen Interpreten mit ihren Ensembles zur Begründung ihres jeweils eigenen Klangproduktes diente, war in jedem Fall das intensive Studium historischer Quellen. Zentraler Gedanke bei den meisten Forschern und Interpreten war dabei, durch den Einsatz eines historischen Instrumentariums dem mutmaßlichen Klangeindruck des Originals so nahe wie möglich zu kommen. Anders verhielt es sich bei der Gründung des Neuen Bachischen Collegium Musicum im Jahre 1979 durch Max Pommer (geb. 1936) und Walter Heinz Bernstein (1922–2014), die die Prinzipien historischer Aufführungspraxis konsequent auf ein modernes Instrumentarium übertrugen. Im Wesentlichen waren es Mitglieder des Gewandhausorchesters, die die beiden Musiker um sich scharten. Mit der Namenswahl suchten die Gründer explizit den Bezug zur Tradition jenes durch Georg Philipp Telemann (1681–1767) begründeten Collegium Musicum an der Universität Leipzig, dessen Leitung auch Johann Sebastian Bach inne gehabt hatte. Bis 1988 unter der Leitung Max Pommers stehend, erarbeitete sich das Ensemble mit seinen Auftritten und herausragenden Einspielungen einen internationalen Namen.

Die Eröffnung des Neuen Gewandhauses, 1981

Das Neue Gewandhaus am Karl-Marx-Platz
Farbige Ansichtskarte, 1982
Verlagsarchiv

Nachdem Anfang 1977 am Karl-Marx-Platz der Grundstein für den Neubau eines Konzerthauses gelegt worden war und damit klar war, dass das Gewandhausorchester nach Jahrzehnten des Interims tatsächlich eine neue Heimat bekommen würde, in der Musikdarbietungen auf zeitgemäßem technischen Niveau ermöglicht werden sollten, war die Erwartungshaltung bei Musikern und Publikum gewaltig, als am 8. Oktober 1981 mit Ludwig van Beethovens Neunter Sinfonie und der Uraufführung von Siegfried Thieles »Gesängen an die Sonne« das Neue Gewandhaus eröffnet wurde. Natürlich stand Gewandhauskapellmeister Kurt Masur am Pult, dessen Einfluss es maßgeblich zu verdanken ist, dass man sich in Leipzig nicht für die Errichtung eines Multifunktionsbaus entschied, eines Kulturpalastes, der Raum für die unterschiedlichsten Großveranstaltungen bieten konnte, sondern für ein Konzerthaus im eigentlichen Sinne. An der Konzeption des Bauwerkes arbeiteten daher sowohl die Architekten Rudolf Skoda (1931–2015), Eberhard Göschel (geb. 1943), Volker Sieg (geb. 1937) und Winfried Sziegoleit (geb. 1939) als auch ein Team ausgewiesener Akustiker. Neben dem Gewandhausorchester spielten von Anfang an verschiedene andere lokale Klangkörper regelmäßig in dem Konzerthaus, so etwa das Akademische Orchester Leipzig.

Spitzenbedingungen für Spitzenmusiker, 1981

Der Konzertsaal im Neuen Gewandhaus
Farbige Ansichtskarte, 1982
Verlagsarchiv

Ein Konzertsaal mit 1900 Plätzen und ein Kammermusiksaal mit 498 Plätzen, der seit 1997 den Namen Mendelssohnsaal trägt, bieten im Neuen Gewandhaus für nahezu jede Art der abendländischen Konzertliteratur ideale Aufführungsbedingungen. Obendrein ist die Schuke-Orgel des Großen Saales ein herausragendes Konzertinstrument, das sich sowohl für den Einsatz innerhalb des sinfonischen Repertoires als auch für barocke, romantische und moderne Orgelmusik eignet. Matthias Eisenberg (geb. 1956) wurde 1980 mit Blick auf die Eröffnung zum Gewandhausorganisten ernannt. Er hatte das Amt inne, bis er 1986 von einer Tournee des Bachorchesters in die Bundesrepublik nicht zurückkam. Ihm folgte Michael Schönheit (geb. 1961) im Amt. Die Architekten des Neuen Gewandhauses spielten mit dem seit 1781 etablierten Sinnspruch des Gewandhausorchesters »Res Severa Verum Gaudium« (Eine ernste Sache ist ein wahres Vergnügen). Er ist an zwei Stellen des Baus eingearbeitet – sichtbar fürs Publikum in den Orgelprospekt, erkennbar nur für die Musiker und Angestellten im Bühnenhaus, in dessen Treppenhaus »Res Severa« über der Tür zum Garderobentrakt und »Verum Gaudium« über der Kantinentür prangt. Das Foyer wird dominiert von Sighard Gilles (geb. 1941) riesigem Deckengemälde »Gesang vom Leben«.

Reigen internationaler Musiker im Gewandhaus, 1981–1989

Leonard Bernstein signiert nach seinem
Konzert im Neuen Gewandhaus am
18. Oktober 1987
Fotografie von Gert Mothes, 1987
Leipzig, Archiv Gert Mothes

Mit dem neueröffneten Gewandhaus verfügte die Stadt über den
in jeder Hinsicht attraktivsten
Konzerthausbau des Landes –
und darüber hinaus über eine
in ganz Europa hochattraktive
Adresse. Wenn auch zentral organisiert, gelang es in den Jahren
von der Eröffnung bis zum Mauerfall eine staunenswerte Vielfalt
an Solisten, Klangkörpern und
Dirigenten zu Gastspielen an
das strahlende Konzerthaus
zu holen, das mit Arbeits- und
Auftrittsbedingungen lockte, wie
sie sich zu jener Zeit nur an ganz
wenigen Häusern in der Welt
fanden. Zu den spektakulärsten
Gastspielen gehörte im Herbst
1987 in der Reihe »Internationale
Orchester« das Konzert des Concertgebouw Orchesters unter der
Leitung von Leonard Bernstein
(1918–1990). In kürzester Zeit
war das Konzert ausverkauft,
der Run auf Autogramme des
Ausnahmedirigenten war spektakulär, auch weil Bernstein
immer die Nähe zu Fans und
Publikum suchte. In musikalischer Hinsicht war der Abend
nicht nur für die Stadt maßstabsetzend. Leonard Bernstein und
das Concertgebouw Orchester
Amsterdam spielten Gustav
Mahlers Erste Sinfonie und
Franz Schuberts »Unvollendete«.

Die »naTo« vereint Alternativkultur und Überwachungsstaat, 1982

Die »Nationale Front« (naTo) an der Karl-Liebknecht-Straße
Fotografie von Mahmoud Dabdoub, 1990
Leipzig, Archiv Mahmoud Dabdoub

Für eine jener merkwürdigen Konstellationen, die so bezeichnend für das DDR-System waren, steht der Name »naTo«, der schon an sich sonderbar anmutet innerhalb dieser Kultur. Nicht selten siedelte sich im Sinne der unmittelbaren Staatsästhetik Subversives ausgerechnet ganz dicht in der Nähe der Überwachungsgremien an. Das gab es in Berlin, wo im »theater im palast« Tür an Tür mit der Tagungsstätte der Volkskammer im Palast der Republik avantgardistische Kunst produziert wurde, aber auch in Leipzig, wo im Clubzentrum »naTo« (abgeleitet von »Kulturhaus Nationale Front« — mit ironischer Anspielung auf das westliche, also »feindliche« Militärbündnis) auf der einen Seite Alternativkultur geboten wurde, auf der anderen aber auch die Staatssicherheit und die Volkspolizei Veranstaltungen abhielten. Quasi im Nebenzimmer des Abschnittsbevollmächtigten, wie der verantwortliche Polizist hieß, wurde Free-Jazz gespielt, fanden Off-Theater und Happenings, Lesungen und Diskussionen statt, die in Inhalt und Ausdruckswillen fern von der offiziellen Staatsdoktrin waren. Nach der Wende etablierte sich der Verein Kultur- und Kommunikationszentrum naTo e.V. als Träger und Veranstalter. Die »naTo« ist bis heute ein Zentrum herausragender Alternativkultur; 1994 gab beispielsweise die Rockband »Rammstein« hier ihr erstes Live-Konzert.

Vielfältige Bandszene – die »Zweckgemeinschaft Kaktus«, 1982

Die »Zweckgemeinschaft Kaktus« mit
Andreas Wugk (vio, b), Frank Oberhof
(p, keyb), Thomas Feist (voc, p, keyb) und
Markus König (g) (v.l.n.r.)
Fotografie, um 1985
Leipzig, Archiv Dr. Thomas Feist

Nicht selten war es die Kirche, unter deren Dach sich in den achtziger Jahren eine reiche musikalische, insbesondere auch pop-musikalische Szene etablieren konnte oder die zumindest Gruppen eine Plattform bot, die alles andere als stromlinienförmig im Sinne des Regimes waren. Im Falle der »Zweckgemeinschaft Kaktus« ist die Überwachung durch die Stasi von Beginn an intensiv dokumentiert. Zum Teil spielten sich absurde Szenen ab. Die Mitglieder der Band, die seit 1982 eigene systemkritische und christliche Songs spielten, hatten wegen ihrer Musik zum Teil mit heftigen Repressalien zu kämpfen. Zwei Gründungsmitglieder verabschiedeten sich sogar von der Band, weil sie wegen eines kritischen Textes zur militärischen Erziehung in der DDR unter Druck gesetzt und mit dem Verweis von der Erweiterten Oberschule bedroht wurden. Später machte die Staatssicherheit immer wieder Versuche, Musiker in das Ensemble einzuschleusen. Die sich zunehmend politisch engagierenden Musiker spielten durchschnittlich immerhin 50 Konzerte im Jahr. Ab 1985 wurde die Band offiziell durch das Kabinett für Kulturarbeit betreut und schließlich als »Volkskunstkollektiv der DDR« mit dem Prädikat »ausgezeichnet« eingestuft.

Die Ära Klaus Winter an der Musikalischen Komödie, 1983–1989

»Die Trauminsel«, Operette von Robert Stolz, Szenenbild von der DDR-Erstaufführung an der Musikalischen Komödie Leipzig am 24. April 1987
Fotografie von Andreas Birkigt, 1987
Leipzig, Archiv Andreas Birkigt

Als »Operettenmann« hatte sich Klaus Winter im Osten Deutschlands längst einen Namen gemacht. Auch aus diesem Grunde waren jene letzten DDR-Jahre, in denen er als Direktor der Musikalischen Komödie wirkte, eine goldene Zeit für das Genre an der Pleiße. Das Haus hatte sich auf dem Gebiet längst profiliert und verfügte neben der Staatsoperette Dresden und dem Metropoltheater Berlin über eines der wenigen Spezialensembles für die sogenannte »leichte Muse«.

Darauf aufbauend, schärfte Winter mit Oberspielleiter Erwin Leister das populäre Profil. Nicht verwunderlich, legte er besonderes Gewicht auf die klassische Operette von Offenbach bis Johann Strauß. Zugleich begründete Klaus Winter eine neue Tradition mit den maßstabsetzenden Aufführungen der Werke des Österreichers Robert Stolz (1880–1975). Dies geschah in engem Kontakt zur Witwe des Komponisten, Einzi Stolz (1912–2004), über den Eisernen

Vorhang hinweg und setzte sich bis in die Nachwendezeit mit großem Erfolg beim Publikum fort. Musikalisch war dies auch das Verdienst des langjährigen Chefdirigenten Roland Seiffarth (geb. 1940), der die musikalischen Geschicke des Hauses von 1978 bis zu seinem Ruhestand im Jahr 2007 lenkte und der als herausragender Operettendirigent in die Leipziger Musikgeschichte eingegangen ist.

Protest und Provokation – Punkmusik in Leipzig, 1983

Punkband »Wutanfall« mit Sänger
Chaos, Rotz (Schlagzeug) und Typhus
(Gitarre) während eines Konzertes
Fotografie von Christiane Eisler, 1983
Leipzig, Christiane Eisler/transit Foto-
grafie und Archiv GbR

Im Westen war Punk längst
salonfähig. »Die Ärzte« hatten
»Im Schatten der Ärzte« heraus-
gebracht und »Die Toten Hosen«
waren mit der »Opel-Gang« und
»Unter falscher Flagge« gut im Geschäft. Die beiden erfolgreichsten
westdeutschen Punkbands waren
auch im ostdeutschen Bewusstsein feste Größen. Dass Punk
als sozial-kulturelles Phänomen
fast zeitgleich im Osten ankam,
zumindest in den DDR-Groß-
städten, mag mediale Ursachen
haben. Die DDR-Bürger waren
bestens darüber informiert, was
im Westen passierte. Dass die
DDR-Punk-Bands wie beson-
ders die Leipziger Formation
»Wutanfall« länger die Chance
hatten, den widerständigen Geist
des Punk zu bewahren, ist ihren
Existenzbedingungen zu danken. In der Tat hat es wohl kaum
andere Möglichkeiten als Mund-
zu-Mund-Propaganda gegeben,
um auf die seltenen Konzerte
aufmerksam zu machen. Die wenigen DDR-Punk-Bands – insbesondere »Wutanfall«, »L'Attentat«
und »Schwarzer Kanal« – wiesen
in ihren Besetzungen zahlreiche
Überschneidungen auf, wobei der
Gebrauch von Künstlernamen
ursächlich in einem Punkkonzept
verwurzelt scheint, aber nicht
zuletzt bei Musikern wie dem
Gitarristen und Sänger Reudnitz
ein gewisses Bekenntnis sind. Generell blieb der Punk in der DDR
länger bunt und widerständig.

Das Bach-Museum wird im Bosehaus eröffnet, 1985

Das Bach-Museum im Bosehaus am
Thomaskirchhof, um 1992
Fotografie von fotoblume, Klitzschen
Leipzig, Bach-Archiv

1985 wurde in der DDR im Sinne des allgemeinen Bekenntnisses zu einem humanistischen Erbe, dem ganz besonders auch der auf ostdeutschem Territorium geborene Johann Sebastian Bach zugerechnet wurde, das Bach-Händel-Schütz-Jahr begangen. In Leipzig bildeten die Feierlichkeiten den Rahmen für die Eröffnung des Bach-Museums im Bosehaus am Thomaskirchhof. Schräg gegenüber, in der 1902 abgerissenen (alten) Thomasschule, hatte der berühmteste Thomaskantor der Geschichte die längste Zeit seines Lebens gewohnt. Entsprechend präsentiert das Museum Leben und Wirken des Musikers im sozialen und ästhetischen Kontext. Über die Jahre veränderte sich die Schau erheblich, wurde in ihren Museumskonzepten dem jeweiligen Zeitgeist angepasst; dennoch verfolgte sie von jeher ebenso einen wissenschaftlich fundierten Ansatz wie das Ziel der Vermittlung an ein möglichst breites, nationales wie internationales Publikum. 2010 erfolgte eine vollständige Überarbeitung des Ausstellungskonzepts. Durch die Anbindung an das im gleichen Hause untergebrachte Bach-Archiv werden interessante Ausstellungs- und Präsentationsprojekte ermöglicht.

»Die Prinzen« gehen als »Die Herzbuben« an den Start, 1987

Die erste Autogrammkarte der »Prinzen«: Tobias Künzel, Jens Sembdner, Henri Schmidt, Wolfgang Lenk (v.l.n.r.), Sebastian Krumbiegel (vorn)
Fotografie, 1991
Verlagsarchiv

Mit einer Ausnahme sind sie alle Thomaner gewesen: Tobias Künzel (geb. 1964), Sebastian Krumbiegel (geb. 1966), Wolfgang Lenk (geb. 1966) und Henri Schmidt (geb. 1967); nur Jens Sembdner (geb. 1967) ist Mitglied des Dresdner Kreuzchores gewesen. Sie gehören zur Urbesetzung einer Band, die heute unter dem Namen »Die Prinzen« international erfolgreich ist, aber gerade in ihren Anfangsjahren mit zahlreichen Besetzungswechseln zu kämpfen hatte. Gegründet unter dem Namen »Die Herzbuben«, durchliefen die Musiker einen turbulenten Weg aus DDR-Clubs auf den gesamtdeutschen Musikmarkt. Über die Jahrzehnte hinweg haben die Musiker der Band, die teilweise auch Solokarrieren betreiben, konsequent an der Entwicklung ihres unverwechselbaren Stils gearbeitet, der sich aus Techniken und der Stilistik des klassischen a-cappella-Gesanges speist, aber eine entschiedene Erweiterung der Klangfarben durch die Verbindung mit dem Instrumentarium einer typischen Pop- und Rock-Band erfährt: Keyboards, Gitarre, E-Bass, Schlagzeug. Dabei bedienen die »Prinzen« ein gemäßigtes Punk-Image und setzen durch ihre pointierten und häufig sozialkritischen Texte Akzente. In den letzten Jahren haben sich die Musiker auch dadurch einen Namen gemacht, dass sie sich in diversen Manifestationen gegen Rechtsradikalismus und für eine bunte Gesellschaft einsetzen.

Karl Ottomar Treibmann mit dem Regie-
team der Inszenierung »Der Idiot«
Fotografie, 1988
Leipzig, Archiv der Oper Leipzig

Hatte sich das Opernhaus Leipzig bereits seit Jahren konsequent für die Pflege der zeitgenössischen Oper eingesetzt, so
erreichte diese Tradition mit der
Uraufführung von Karl Ottomar
Treibmanns (1936–2017) Oper
»Der Idiot« 1988 einen weiteren Höhepunkt. Der Lyriker
Harald Gerlach (1940–2001) hatte
das Libretto auf der Basis des
Dostojewski-Romans geschaffen.
Gefeiert wurde das Werk nicht
zuletzt wegen seiner überaus
geschlossenen musikalischen

Dramaturgie. Sozialkritische
Ansätze waren geschickt ver-
packt, wobei der Komponist
konsequent seinen eigenen,
weder angepassten noch vordergründig avantgardistischen
Stil mit einem großen Wieder-
erkennungswert verfolgte. Der
aus dem Vogtland stammende
Musiker hatte sich zunächst in
Leipzig zum Musikpädagogen
ausbilden lassen und war vorübergehend auch als Musiklehrer
tätig, bevor er ein Kompositions-
studium aufnahm und schließ-

lich ein Meisterstudium an der
Akademie der Künste in Berlin
bei Paul Dessau absolvierte. »Der
Idiot« wurde auch nach 1990
hin und wieder gespielt, nicht
zuletzt aufgrund seiner überaus
praktikablen Beschaffenheit.
Treibmann lehrte bis zu seiner
Emeritierung an der Universität
Leipzig Tonsatz und prägte so
Generationen angehender Musikwissenschaftler und Pädago-
gen. Sein breites Œuvre umfasst
Motetten für den Thomanerchor
ebenso wie große Sinfonik.

Steffen Schleiermacher verantwortet Neue Musik im Gewandhaus, 1988

Steffen Schleiermacher bei einem Konzert im Kleinen Saal des Gewandhauses
Fotografie von Gert Mothes, 1989
Leipzig, Archiv Gert Mothes

Nicht zufällig stilisieren Kritiker den Komponisten, Pianisten und Konzertorganisator Steffen Schleiermacher (geb. 1960) zum Inbegriff der Neuen Musik in Leipzig. Tatsächlich war es ihm bereits Mitte der 1990er Jahre gelungen, eine Art interpretatorischer Schule zu etablieren – nicht zuletzt durch seine maßstabsetzenden Interpretationen der Klaviermusik von John Cage. Ein entscheidender Punkt auf dem Weg dorthin war der 1988 erteilte Auftrag des

Gewandhauses, dort eine Reihe mit Neuer Musik zu etablieren. Schleiermacher hatte nach dem Studium der Fächer Klavier und Komposition an der Hochschule für Musik in Leipzig das legendäre Meisterstudium an der Akademie der Künste in Berlin in der Klasse von Friedrich Goldmann absolviert. 1989/90 ergriff der Pianist die Gelegenheit eines Zusatzstudiums beim Spezialisten für Neue Musik, Aloys Kontarsky (1931–2017). Seitdem belebt Schleiermacher

die Musikstadt Leipzig mit immer neuen Reihen und Festivals, die allesamt geprägt waren und sind durch ästhetische Offenheit – darunter ein Sub-Festival im Rahmen des MDR Musiksommers. Unter den Preisen, mit denen er als Komponist wie als Interpret geehrt wurde, finden sich bereits 1986 der Kranichsteiner Musikpreis und 2010 der Titel Chevalier des arts et lettres.

Renate Richter – engagierter und kompromissloser Kulturjournalismus

Renate Richter als Musikredakteurin von MDR Kultur
Fotografie, um 1995
Privatbesitz

Bevor Dr. Renate Richter (geb. 1938) ihre journalistische Arbeit aufnahm, hatte die bei Heinrich Besseler promovierte Musikwissenschaftlerin für die Robert-Koch-Klinik Leipzig versucht, eine musiktherapeutische Abteilung aufzubauen, allerdings erfolglos. Sie zählte zu den wenigen Musikjournalistinnen, die in der DDR von den 1970er Jahren an »frei« arbeiteten und dadurch eine gewisse Unabhängigkeit pflegen konnten, aber auch geschickt zwischen Grenzen, Repressalien und der Überwachung durch die Staatssicherheit lavieren mussten. Bis zur Auflösung des Mediums arbeitete sie für die »Mitteldeutschen Neuesten Nachrichten«. Immer setzte sie sich kompromisslos für die Musik ihrer Zeitgenossen ein, analysierte allgemeine kulturelle Prozesse und suchte medienunabhängig nach adäquaten Vermittlungsformen. Als dann die Mauer fiel, suchten viele Medien nach genau solchen Mitarbeitern – offen und kompetent und vor allem unbelastet. Richter schrieb u. a. für die »Süddeutsche Zeitung« über Sachsen, wurde schließlich Redakteurin für Neue Musik beim neu gegründeten Radio MDR Kultur und erschloss die Vielfalt der mitteldeutschen Musikszene.

Ein Straßenmusikfestival und seine Folgen, 1989

Leipziger Straßenmusikfestival 1989
Gemaltes Plakat von Katrin Hattenhauer
Leipzig, Gedenkstätte Museum in der
»Runden Ecke«

Straßenmusik war in der DDR
ein äußerst unliebsames Phänomen, sie war schwer kontrol-
lierbar. Vor allem als spontane
Aktion – also in ihrem ur-
sprünglichsten und eigentlichen
Sinne – war sie den Staatsobe-
ren ein Dorn im Auge. In den
späten DDR-Jahren gab man
dem Interesse an dieser Form
der musikalischen Entfaltung in
ausgesuchten Städten dennoch
nach, allerdings nur auf Grundlage vorheriger staatlicher Geneh-
migung und Prüfung. Darum
wussten die Organisatoren eines
Festivals, das im Frühsommer
1989 bewusst einkalkulierte,
Provokation zu sein in einem
System, das sich inzwischen auch
vor jedem Ausdruck von Spontaneität fürchtete. Dies machte
das Interesse der Organisatoren
um den Theologiestudenten
Jochen Läßig (geb. 1961) bereits
zu einem Politikum: Das Wissen
darum, dass die Veranstaltung
nicht genehmigt werden würde
und das in Plakaten annoncierte
Festival also nicht genehmigt
war. Die friedlich aufspielenden
Musiker aus dem ganzen Land,
die dem Aufruf zum Festival
wissentlich folgten, wurden vor
den Augen ihres Publikums zum
Teil brutal festgenommen – ein
Faktum, das viele Zeugen des
Geschehens erst für die politischen Missstände sensibilisierte.

Die Gründung des »Ensembles Avantgarde«, 1989

Das »Ensemble Avantgarde« mit Andreas Seidel (Violine), Tilman Büning (Violine), Axel Andrae (Fagott), Matthias Moosdorf (Violoncello), Josef Christof (Klavier), Steffen Schleiermacher (Klavier), Ivo Bauer (Viola), Jochen Pleß (Horn), Ib Hausmann (Klarinette), Bernd Meier (Kontrabass) und Stefan Stopora (Schlagzeug) (v. l. n. r.)
Fotografie von Gert Mothes
Leipzig, Archiv Gert Mothes

Vielfältig waren die Motive, die 1989 zur Gründung des »Ensembles Avantgarde« führten. Nicht zuletzt stand dahinter das Bestreben, der zeitgenössischen Musik am Gewandhaus einen festen Platz zu schaffen. Auch in diesem Falle wurde Steffen Schleiermacher mit der Gründung betraut. Bis in die Gegenwart ist er Leiter der in unterschiedlichen Besetzungen spielenden Formation von Spezialisten für die Musik des 20. Jahrhunderts und der Gegenwart, die zum

überwiegenden Teil Mitglieder der beiden großen Leipziger Orchester sind, des Gewandhausorchesters und des MDR Sinfonieorchesters. Beflügelt durch die Möglichkeiten, die sich nach der politischen Wende boten, erspielte sich das Ensemble schnell einen internationalen Namen. In der Repertoireauswahl geprägt durch den Entdeckergeist des Leiters, musizierte das Ensemble mit herausragenden Komponisten-Interpreten wie Hans Zender (geb. 1936) oder Friedrich

Goldmann (1941–2009). Bis heute stehen die Interpretationen des »Ensembles Avantgarde« im Mittelpunkt der Reihe musica nova im Mendelssohnsaal des Gewandhauses, die von Beginn an durch Steffen Schleiermacher konzipiert wurde und die der Komponist meist auch als Moderator begleitet. In jüngerer Zeit sucht das Ensemble mehr und mehr auch den Bezug zur Tradition, etwa beim Bachfest.

Gewandhaus und Oper im Zentrum der Friedlichen Revolution, 1989

Montagsdemonstration vor dem Ge-
wandhaus am 4. Dezember 1989
Fotografie von Christiane Eisler, 1989
Leipzig, Fotoagentur Transit

Die Bilder gingen um die Welt –
Menschen mit Kerzen, die in
Leipzig den Ring entlang ziehen
und friedlich gegen die Situation
im Lande aufbegehren. Neben
der Nikolaikirche, deren Pfarrer
Christian Führer (1943–2014)
mutig sein Gotteshaus für Frie-
densgebete und Diskussionen
öffnete, spielte das Gewandhaus
eine entscheidende politische
Rolle. Kurt Masur zählte zu
jenen »Leipziger Sechs«, die
am 9. Oktober 1989 durch ihren Aufruf zu Gewaltlosigkeit

Schlimmeres verhinderten und
damit Geschichte schrieben. Der
Karl-Marx-Platz zwischen Oper
und Gewandhaus wurde in den
folgenden Wochen und Mona-
ten zum Schauplatz zahlloser
Kundgebungen, deren Ziele sich
mit dem je Erreichten verän-
derten – von Reise- und Gedan-
kenfreiheit über die D-Mark bis
zur Wiedervereinigung. Vom
Balkon der Oper sprachen neben den Hoffnungsträgern der
Friedlichen Revolution Reprä-
sentanten bundesdeutscher Po-

litik – allen voran der damalige
und der ehemalige Bundeskanz-
ler, Helmut Kohl (1930–2017)
und Willy Brandt (1913–1992).
Durch die folgenden Umbrüche
wurde auch das Kultursystem
einem massiven Wandel ausgesetzt: Neue Konkurrenzver-
hältnisse, ungeahnte Freiheiten
und neue Zwänge prägten eine
Zeit, die sich im Rückblick als
ungemein schillernd darstellt,
getragen durch heftige Emo-
tionen, beeindruckende Neu-
gier und eine Flut an Reizen.

Große Politik im Gewandhaus, 1989

Die »Leipziger Sechs« – Bernd-Lutz
Lange, Kurt Meyer, Peter Zimmermann,
Kurt Masur, Hans-Joachim Pommert und
Roland Wötzel – stellen sich am 22. Okto-
ber 1989 der Diskussion im Gewandhaus
Fotografie von Gert Mothes, 1989
Leipzig, Archiv Gert Mothes

Die Ereignisse auf dem »Platz
des Himmlischen Friedens« in
Peking waren wohl allen noch im
Gedächtnis. Nicht einmal vier
Monate vor jenem 9. Oktober
1989 hatten dort die chinesischen
Streitkräfte ein Massaker an
Demonstranten angerichtet. Die
Vorbereitungen, die die DDR-
Exekutive für diesen Montag
getroffen hatte, ließen einen
ähnlichen Ausgang erwartbar
erscheinen. Trotzdem war das
Bedürfnis der Menschen, auf
die Straße zu gehen, um ihrem

Unmut Luft zu machen, größer
als die Angst. Die Sorge darum,
wozu das führen könnte, brachte
sechs Männer zusammen – mit
unterschiedlichstem Hintergrund, aber getrieben von der
gleichen Sorge. Die sogenannten
»Leipziger Sechs« – Gewandhauskapellmeister Professor
Kurt Masur, Pfarrer Dr. Peter
Zimmermann, der Kabarettist
Bernd-Lutz Lange sowie die SED-
Bezirkssekretäre Dr. Kurt Meyer,
Hans-Joachim Pommert und
Dr. Roland Wötzel – verfassten

einen Aufruf zur Gewaltfreiheit,
der am Ende der Friedensge-
bete und damit vor Beginn der
riskanten Montagsdemonstrationen in den Kirchen und durch
Masur über den Stadtfunk verle-
sen wurde. Die Demonstration
blieb friedlich. Wenige Wochen
später lud Masur die Beteiligten
zur Diskussion ins Gewandhaus,
das damit neben der zentralen
Nikolaikirche zu einer Plattform
der politischen Wende wurde.

Das erste Konzert nach der Ausbürgerung – Wolf Biermann in Leipzig, 1989

Konzert von Wolf Biermann am 1. Dezember 1989 in der Messehalle 2 in Leipzig
Fotografie von Sieghard Liebe, 1989
Leipzig, Archiv Sieghard Liebe

Die Ausbürgerung des Liedermachers Wolf Biermann (geb. 1936) war es gewesen, die in der DDR – insbesondere innerhalb der Kunstszene des Landes im allerweitesten Sinne – eine gewaltige Protestwelle ausgelöst hatte, die letztlich das Initial jener Dissidentenbewegung war, die ein reichliches Jahrzehnt später zur Friedlichen Revolution führen sollte. Biermann, der 1953 aus Westdeutschland in die DDR übergesiedelt war, hatte in seiner Wahlheimat ab Mitte der 1960er Jahre Schwierigkeiten gehabt. 1976 verweigerte man ihm nach einer zuvor genehmigten Tournee in die Bundesrepublik die Wiedereinreise in die DDR, in der er längst mit Auftrittsverbot belegt war, und bürgerte ihn anschließend aus. Ein Scheidepunkt in der Kulturgeschichte der DDR. Insofern war jener Auftritt am 1. Dezember 1989 – gemeinsam mit dem ebenfalls ausgebürgerten und zur Persona non grata erklärten Jürgen Fuchs (1950–1999) – vor rund 5000 Besuchern vor allem eines: symbolisch und ein weiterer Befreiungsschlag. Einen Tag später spielte Biermann in Ost-Berlin. »Der Bann ist gebrochen«, soll Fuchs an jenem Abend auf der Bühne gesagt haben. Biermanns Konzert ist vollständig auf Bild-Tonträger dokumentiert, dennoch wurde es – da mit dem Mauerfall der Widerstand längst zerfasert war – nur noch am Rande jener politischen Wende wahrgenommen.

Gunter Berger, Leiter des Rundfunk-Kinderchors 1989–2011

Gunter Berger beim Kinderchor-Festival
in Dresden
Fotografie, um 2005
Verlagsarchiv

Am 23. September 1989 starb Hans Sandig. Für den Rundfunk-Kinderchor bedeutete dies einen herben Einschnitt, der die turbulente Wendezeit einleitete. Zwar übernahm Gunter Berger (geb. 1962), der schon einige Zeit an der Seite Sandigs gearbeitet hatte, fast nahtlos die Geschäfte, dennoch wurde auch die Existenzgrundlage des Kinderchores in den Jahren des Umbruchs immer wieder in Frage gestellt. Daher wurde es zu einer der ersten Aufgaben Bergers, den Kinderchor über die für alle Rundfunkklangkörper wechselvollen Nachwendejahre zu bringen. Dabei war dem einstigen Assistenten Sandigs die Pflege des Erbes seines Vorgängers feste Verpflichtung. Durch das Bekenntnis zum entsprechenden Repertoire sorgte der Chorleiter für ein weiteres Alleinstellungsmerkmal im Verhältnis zu den zahlreichen anderen Kinderchören der Musikstadt, das neben der Teilnahme an zahlreichen Rundfunkproduktionen und einer fast schon professionellen musikalischen Grundausbildung die Mitwirkung im MDR Kinderchor besonders attraktiv werden ließ. Der Chor errang in den Folgejahren verschiedene Preise, wirkte an spektakulären chorsinfonischen Produktionen des Rundfunks mit und begann auch eine regelmäßige eigenständige Tourneetätigkeit. 2011 beendete Berger seinen Vertrag mit dem MDR. Sein Nachfolger wurde Ulrich Kaiser.

Siegfried Thiele führt die Musikhochschule in die Neuzeit, 1990–1997

Prof. Siegfried Thiele in seinem Arbeits-
zimmer
Fotografie von Gert Mothes, 2006
Leipzig, Archiv Gert Mothes

Mit der Berufung Siegfried Thieles (geb. 1934) zum Rektor der Hochschule für Musik »Felix Mendelssohn Bartholdy« traf man 1990 in Leipzig die in dieser Zeit nicht alltägliche Entscheidung, die Geschicke einer Bildungseinrichtung dieser Größenordnung in die Hände eines Mannes »von hier« zu legen, eines etablierten Leipziger Komponisten, der weder als stromlinienförmiger DDR-Musiker noch als Widerständler anzusehen war. Thiele war selbst Absolvent dieser Hochschule gewesen, bevor er das Meisterstudium an der Berliner Akademie der Künste bei Leo Spies (1899–1965) absolvierte. Neben seiner Lehrtätigkeit an der Leipziger Hochschule für Musik in den Fächern Tonsatz und Partiturspiel gründete er das bis in die Gegenwart hinein erfolgreiche Jugendsinfonieorchester der städtischen Musikschule. 1984 zum Professor für Komposition an seine langjährige Wirkungsstätte berufen, prägte er hier eine ganze Generation von Komponisten, zu der unter anderem Bernd Franke (geb. 1959) und Steffen Schleiermacher gehören und der es die Wende in vielerlei Hinsicht nicht leicht machte. In seiner bis 1997 währenden Amtszeit als Rektor baute Thiele die Strukturen der Hochschule um und sorgte für eine grundlegende Verbesserung der baulichen Situation.

Die Gründung des Forums Zeitgenössischer Musik, 1990

»Badekonzert« des Forums Zeitgenössischer Musik
Fotografie
Leipzig, Archiv des Forums Zeitgenössischer Musik

Zeitgenössischer Musik in der
Region eine Plattform zu bieten
und den Dialog zwischen den mit
ihr befassten Akteuren zu beför-
dern, diese Idee stand hinter der
Gründung des Vereins »Forum
zeitgenössischer Musik Leipzig«.
Ein illustrer Kreis von Komponisten, Interpreten und Theore-
tikern trug das Konzept. Zu den
Gründungsmitgliedern gehörten
unter anderen die Komponisten
Günter Neubert (geb. 1936), Steffen Schleiermacher und Karl Ottomar Treibmann, der Musikwissenschaftler Eberhardt Klemm
(1929–1991) und Interpreten
wie Gerhard Erber (geb. 1934),
Burkhard Glaetzner und Matthias Sannemüller (geb. 1951). Als
Ziel beschreibt das Forum selbst
die projektbasierte Vermittlung
zeitgenössischer Musik. Der
heute unter der Leitung von Thomas Christoph Heyde (geb. 1973)
stehende Verein wartet inzwischen mit diversen aufsehenerregenden Projekten auch an
ungewöhnlichen Orten – ob Fast-
food-Restaurant oder Schwimm-
bad – und mit nicht alltäglichen
Partnern auf. Über die Jahre
erweiterte das Forum seinen
Wirkungsradius sowohl in räum-
licher als auch in thematischer
Hinsicht. Bislang spektakulärstes
Projekt war das mehrmonatige
CAGE 100-Festival 2012/13, das
mit verschiedenen Veranstal-
tungsformen einen der Klassiker der Moderne nicht nur in
Leipzig und Umland etablierte.

Rückführung der Firma Blüthner in Familienbesitz, 1990

Ingbert Blüthner-Haessler mit seinen
Söhnen Dr. Christian Blüthner-Haessler
(links) und Knut Blüthner-Haessler
Fotografie, 2003
Großpösna bei Leipzig, Julius Blüthner
Piano Forte Fabrik GmbH

Relativ schnell und vergleichsweise unproblematisch wurde
die Klavierbaufirma Blüthner
nach dem Ende der DDR in Fami-
lienbesitz zurückgeführt. Konsequent begann das Management,
alte Kontakte wieder aufzuneh-
men und sich neu auf dem Markt
zu positionieren. Eine weitrei-
chende Entscheidung wurde
getroffen, als Blüthner sich 1996
für die Einrichtung einer neuen
Produktionshalle im unweit von
Leipzig gelegenen Störmthal
entschied. Als die Firma 2003
mit einem imposanten Festakt
ihr 150-jähriges Bestehen feierte,
konnte sie auf eine Produktion
von mehr als 150 000 Instrumenten zurückschauen. Mit
der gezielten Etablierung von
Events in allen musikalischen Bereichen – wie dem Blüthner Kla-
vierwettbewerb – setzt die Firma
in der Gegenwart auf ein ebenso
nach musikalischen Eliten wie
in die Breite greifendes Marke-
ting-Konzept, mit dem Blüthner
seine Position am Markt sichern
konnte. Wie stets im Laufe der
Firmengeschichte gehört die
Beobachtung neuer technischer
und optischer Trends zum Konzept – sowohl auf dem Gebiete
klassischer als auch popmusi-
kalischer Darbietung. Zugleich
passte man sich im Hause Blüthner in jüngerer Zeit mehr und
mehr dem Bedarf nach einer
Restaurierung historischer Instrumente der eigenen Firma an.

Udo Zimmermann, Opernintendant 1990—2001

Mit der Entscheidung, Udo Zimmermann (geb. 1943) zum Intendanten der Oper Leipzig zu berufen, legte die Stadtverwaltung 1990 ein Bekenntnis ab – zum zeitgenössischen Musiktheater, aber auch zu einer im Osten verwurzelten Tradition. Immerhin gut ein Jahrzehnt hielt man daran fest und erreichte, dass sich weit über die Grenzen der Region hinaus die Augen und Ohren der Musiktheaterinteressierten auf Leipzig richteten. Nicht unumstritten, aber konsequent verfolgte die Theaterleitung bis 2001 ein Konzept, das sowohl innovativem kompositorischen Schaffen als auch modernem Regietheater – das sich nicht zuletzt in der Handschrift Peter Konwitschnys (geb. 1945) manifestierte – entscheidenden Raum gab. In die Ära Zimmermann fallen nicht nur spektakuläre Produktionen auf der großen Bühne wie die Uraufführung zweier Opernwerke aus Karlheinz Stockhausens Zyklus »Licht« und Inszenierungen von Regiegrößen wie Alfred Kirchner (geb. 1937), sondern auch die konsequente Etablierung von Kammeropernreihen – auch im Kellertheater des Hauses oder auf der Hinterbühne. Dass Zimmermann bei seiner künstlerischen Arbeit den Dialog zwischen Produktion, Interpretation und Reflexion förderte, ist nicht verwunderlich angesichts seiner Biographie, in der sich diese Felder von jeher verbinden.

»Licht« im Opernhaus Leipzig, 1993

In den Jahren seiner Intendanz brach Udo Zimmermann konsequent eine Lanze für zeitgenössisches Musiktheater, das nicht nur in der nationalen Fachwelt große Beachtung fand. Am 28. Mai 1993 gelang es ihm erstmals, nahezu alle Augen der internationalen Neue-Musik- und Opernszene auf Leipzig zu richten, wo eine Oper aus Karlheinz Stockhausens siebenteiligem Musiktheaterzyklus »Licht« uraufgeführt wurde: »Dienstag aus Licht«. Das gigantische Projekt des westdeutschen Komponisten, dessen Werk in der DDR als dekadent verschrien gewesen war, ist die konsequente Umsetzung eines musikphilosophisch-religiös fundierten Konzepts eines Gesamtkunstwerks, in dem Stockhausen eine eigene Farben- und Elementen-Lehre mit seinen musiktheoretischen Prinzipien verknüpft und aus einer religiös-mythologisierenden Weltsicht eine Opernhandlung entwickelt. In ihr widerstreiten die Prinzipien Luzifers und Michaels. Die Inszenierung an der Oper Leipzig sorgte nicht zuletzt durch ihre technische Präsentation für Aufsehen. Die Leipziger Oper wurde 1996 noch zum Uraufführungsort einer weiteren Oper aus dem Zyklus. Die Produktion von »Freitag aus Licht« wurde von der Öffentlichkeit kritisch wahrgenommen. Weitere Kooperationen mit dem Meister kamen – wohl vornehmlich aus wirtschaftlichen Gründen – nicht zustande.

Uwe Scholz wird Chef des Leipziger Balletts, 1991

Uwe Scholz bei einer Probe
Fotografie von Andreas Birkigt, 1993
Leipzig, Archiv Andreas Birkigt

Es war eine der spektakulärsten Nachrichten in der Leipziger Kunstszene der Nachwende-Zeit. Als die künftige politische Entwicklung im Osten Deutschlands absehbar wurde, entschied sich der Choreograph Uwe Scholz (1958–2004), die Leitung des Leipziger Balletts zu übernehmen und sich damit persönlich und künstlerisch nochmals einer ganz besonderen Herausforderung zu stellen. Der in John Crankos (1927–1973) Stuttgarter Company als Solo-Tänzer und auch als Choreograph zum Star gewordene Scholz war 1985 als jüngster Chef eines europäischen Ballettensembles nach Zürich gegangen. 2004 sorgten Diskussionen um Budgetkürzungen und die damit einhergehende Notwendigkeit einer Verkleinerung seines Ensembles beziehungsweise sogar um eine notwendige Opernschließung für heftige Querelen zwischen dem Ballettchef, der Oper und der Stadt Leipzig, die in einer zum Teil unschönen Schlammschlacht auch in der medialen Öffentlichkeit ausgetragen wurde. Damals wurde der Beschluss gefasst, dass Scholz im Amt eine einjährige Auszeit nehmen sollte. Scholz starb jedoch am 21. November 2004 im Alter von nur 45 Jahren infolge eines Krebsleidens, kurz nachdem er offiziell seinen Rückzug aus dem künstlerischen Berufsleben bekanntgegeben hatte.

Das Leipziger Ballett und die »Ära Scholz«, 1991–2004

»Bach-Kreationen« von Uwe Scholz
Fotografie von Andreas Birkigt, 1996
Leipzig, Archiv Andreas Birkigt

Zwar hatte Uwe Scholz, der 1993 auch zum Professor für Choreographie an die Leipziger Hochschule für Musik und Theater »Felix Mendelssohn Bartholdy« berufen wurde, eine ganze Reihe seiner Erfolgsballette mit nach Leipzig gebracht und für die hiesige Company adaptiert, darunter »Die Schöpfung« zur Musik von Joseph Haydn. Dennoch stellten die Bedingungen in Leipzig nochmals eine entscheidende Befruchtung dar und provozierten in ästhetischer Hinsicht eine grandiose Reifung. Werke wie »Pax Questuosa« nach der Musik von Udo Zimmermann wären ansonsten undenkbar gewesen. Uwe Scholz' sinfonische Ballette gelten als in der Ballettgeschichte maßstabsetzend. Dennoch hinterließ der Meister auch einige Sichten auf klassische Handlungsballette. Die »Ära Scholz« war nicht allein wegen der künstlerischen Aufbruchstimmung, mit der sie unmittelbar in Verbindung stand, eine Glanzzeit des Leipziger Ballettes. Die Musikstadt mit ihrer Tradition und ihren Institutionen bildete einen idealen Rahmen für die ästhetische Sprache des Choreographen, die vielfach sehr konkret nach einer körperlichen Umsetzung der abstrakten musikalischen Formen und Strukturen suchte, ohne dabei aufdringliche Vergegenständlichungen zu bemühen.

Die Musikalische Komödie in der »Ära Geppert«, 1991–2003

Monika Geppert bei den Proben zur
»Csárdásfürstin« mit Markus Liske und
Milko Milev im November 2000
Fotografie von Andreas Birkigt, 2000
Leipzig, Archiv Andreas Birkigt

Die Musikalische Komödie
startete mit einem Leitungspro-
visorium in die Nachwendezeit,
weil ihr Direktor Klaus Winter
im Sommer 1989 überraschend
verstorben war. Interimsmäßig
übernahmen der musikalische
Leiter Roland Seiffarth, die
Ballettmeisterin Monika Geppert (geb. 1946) und der Oberspielleiter Erwin Leister die
Geschäfte. Hieraus entwickelte
sich ein Erfolgsmodell, das bis
2003 Bestand haben sollte. Mit
der Um- und Neustrukturierung

der Leipziger Theaterszene im
Umfeld der deutschen Wiedervereinigung übernahm 1990
kurzzeitig Hans-Hermann Krug
die Intendanz des Hauses, doch
bereits im Frühjahr desselben
Jahres wurde die Musikalische
Komödie auf Wunsch des
Ensembles der Intendanz des
Opernhauses unterstellt. Monika
Geppert übernahm abermals die
künstlerische Leitung – zunächst
kommissarisch. Von 1991 bis
2003 lenkte sie die Geschicke des
Operettenhauses, das in diesen

Jahren sein Profil auch im Musi-
calbereich schärfte. Geppert gehörte dem Ensemble des Hauses
bereits seit 1962 an. Nach dem
Abschluss der Palucca-Schule
Dresden hatte sie hier zunächst
als Solotänzerin auf der Bühne
gestanden. Ab 1974 prägte sie seine Ästhetik als Choreographin.

Operetten und Musicals auf höchstem Niveau

»Wonderful Olly«, Musical von Lee Pockriss und Ferry Olsen, Szenenbild von der DDR-Erstaufführung an der Musikalischen Komödie Leipzig am 28. Juni 1990 Fotografie von Andreas Birkigt, 1990 Leipzig, Archiv Andreas Birkigt

Die Befürchtungen, dass sich das Operettenhaus in Leipzigs Westen nicht werde halten können angesichts der Unsicherheiten, die mit der ökonomischen Wende und dem konkurrierenden Unterhaltungsmarkt über die Musikszene hereinbrachen, bewahrheiteten sich nicht. Ernsthaft bedroht war die Musikalische Komödie dagegen durch die marode Bausubstanz. Nach und nach wurden Sanierungsmaßnahmen durchgeführt, doch legten die Verantwortlichen Wert

darauf, dass das Haus seinen Charme auch aus der Überlagerung von Relikten seiner unterschiedlichen Blütezeiten bezieht. Auch was Programm und Ästhetik des Hauses angeht, standen die Jahre nach der Wende – von einigen ausgewählten Produktionen modernerer Musicals abgesehen – im Zeichen der Operettentradition. Roland Seiffarth, der ab 1978 Musikalischer Leiter des Hauses war, arbeitete in dieser Funktion bis 2007 weiter konsequent am typischen

Klangbild eines Operettenorchesters. Bis in die Gegenwart setzt man auf das Konzept eines Ensembletheaters. Publikumssorgen hatte die Musikalische Komödie kaum. Operette und Musical – wie hier in einer Szene der DDR-Erstaufführung von »Wonderful Olly« – bedienten vielfach eine Revueästhetik, die durch die Perspektive einer choreographierenden Direktorin entscheidend geprägt wurde.

Die Musikbibliothek in der Stadtbibliothek am Wilhelm-Leuschner-Platz, 1991

Der Lesesaal der Musikbibliothek
Fotografie von Mahmoud Dabdoub, 2011
Verlagsarchiv

Seit Anfang der 1990er Jahre beherbergt die Leipziger Stadtbibliothek mit ihrem Stammhaus am Wilhelm-Leuschner-Platz eine der größten öffentlichen Musikbibliotheken Europas, die zweitgrößte Deutschlands. Die vor allem auf der Grundlage der von Carl Ferdinand Becker (1804–1877) 1856 der Stadt zur Verfügung gestellten Sammlung und durch zahlreiche bürgerliche Schenkungen, spektakuläre Ankäufe und Leihgaben erweiterte Kollektion enthält heute eine umfassende Handschriften- und Autographensammlung nicht nur mit Bezug zur Musikstadt, darüber hinaus herausragende Erst- und Frühdrucke, eine systematische Sammlung von Musikliteratur und Noten zu allen Epochen, Archivfilme, Bilder, Grafiken und Medaillen. Ihre spezielle Geschichte macht die Musikbibliothek mittlerweile auch zu einer Fundgrube für Musikforscher, die sich der Geschichte der DDR-Musik zuwenden. Mit der Sanierung der Stadtbibliothek im ersten Jahrzehnt des 21. Jahrhunderts wurden auch den Mitarbeitern und Nutzern der Musiksammlung zeitgemäße Arbeitsbedingungen geschaffen. Einzigartig ist die Erfüllung der Doppelfunktion als öffentliche städtische Leihbibliothek auf der einen und als international von Forschern gefragte Sammlung auf der anderen Seite.

Formierung des MDR Sinfonieorchesters, 1992

Das MDR Sinfonieorchester zur Eröffnung des ersten MDR Musiksommers 1992
Fotografie, 1992
Leipzig, Archiv des MDR

Die Ereignisse der politischen Wende in der DDR und der deutschen Wiedervereinigung hatten tiefgreifende Folgen für die Medien- und nicht zuletzt die Rundfunklandschaft. Per Rundfunkstaatsvertrag wurde die Neustrukturierung des ostdeutschen Radios und Fernsehens geregelt. Davon betroffen und in einer verunsicherten Lage fanden sich die diversen Klangkörper der Rundfunkanstalten. Für die neu gebildeten Bundesländer Sachsen, Sachsen-Anhalt und Thüringen wurde eine Drei-Länder-Anstalt des öffentlich-rechtlichen Rundfunks geschaffen, der Mitteldeutsche Rundfunk (MDR). Während sich für die eigentlichen Sendemedien eine verhältnismäßig auf Kontinuität setzende Konsolidierung einstellte, war das für die Musiker der Rundfunkklangkörper erst der Anfang wechselvoller Zeiten. In einem turbulenten und mit diversen Umbenennungen einhergehenden Prozess wurden schließlich aus sechs Rundfunk-klangkörpern – dem Rundfunk-Sinfonieorchester, dem Großen Rundfunkorchester, dem Rundfunkchor, der Radio-Big-Band, dem Rundfunk-Blasorchester und dem Rundfunk-Kinderchor – drei: das heutige MDR Sinfonieorchester, der MDR-Rundfunkchor und der MDR Kinderchor. Von 1992 bis 1996 stand Daniel Nazareth (geb. 1948) als in seinen künstlerischen Fähigkeiten nicht unumstrittener Chefdirigent an der Spitze des neuen MDR Sinfonieorchesters.

Die Kammermusikszene nimmt Fahrt auf

Das Gewandhaus-Quartett mit Frank-Michael Erben (1. Geige), Conrad Suske (2. Geige), Volker Metz (Viola) und Jörnjakob Timm (Violoncello)
Fotografie von Gert Mothes, 1994
Leipzig, Archiv Gert Mothes

Hatten bestimmte Ensembles mit eindrucksvollen Traditionslinien auch in den vorangegangenen Jahren und Jahrzehnten die Kammermusikkultur in Leipzig bewahrt und den Ruf der Musikstadt über die Landesgrenzen hinaus bestätigt, so entfaltete sich mit den Möglichkeiten aus dem Boden schießender Angebote von Veranstaltungsorten und Veranstaltern auch eine schillernde Szene, die nicht nur im Deutschlandvergleich ihresgleichen suchte. Sicher blieben die großen Traditionsträger wie beispielsweise das Gewandhaus-Quartett, das sich bis in die Gegenwart hinein als älteste kontinuierlich bestehende Quartettformation überhaupt bewährt hat, Aushängeschilder dieser Szene, die Kammermusikreihen pflegten und neu etablierten, in denen sie auch mit namhaften Gästen musizierten, beispielsweise im Kleinen Saal des Gewandhauses. Aber auch ungewöhnliche Musikergruppen und Besetzungen schufen sich ihre Podien. Befördert wurde und wird diese Vielfalt sowohl durch die beiden großen öffentlich getragenen Orchester, aus deren Reihen sich diverse Formationen bildeten, als auch durch Musikhochschule und Musikschule, besonders aber durch diverse Vereine, die sich die Erschließung und Renovierung einer fantastischen Infrastruktur auf die Fahnen geschrieben haben.

Ekkehard Schreiber, Leiter des Gewandhauschors 1992–1997

Ekkehard Schreiber
Fotografie von Gert Mothes
Leipzig, Archiv Gert Mothes

Nur fünf Jahre hatte Ekkehard Schreiber (1941–2008), der zuvor schon den Gewandhauskinderchor geleitet hatte, auch die Position des Leiters des Gewandhauschores inne. Allerdings gelten diese Jahre als legendär, war es doch die Zeit, in der sich der Gewandhauschor als anspruchsvoller Kreis von Amateursängern neben der immer stärkeren Konkurrenz anderer ambitionierter Chorvereinigungen etablieren und an seinem Profil und Angebot, an der Ein- und Anbindung an das Gewandhaus arbeiten musste. Schreiber hatte bereits einen Namen als erfahrener Chorleiter, der in seiner Kindheit und Jugend nicht zuletzt durch Erhard Mauersberger geprägt worden war, als ihn Kurt Masur 1982 an das neueröffnete Gewandhaus holte, um dort das Profil des Kinderchores zu schärfen. Gepriesen wird das stimmbildnerische Gespür des Chorleiters ebenso wie seine hohe Motivationsfähigkeit. 1988 ehrte man ihn mit dem Kunstpreis der Stadt Leipzig. Schreiber, der aus gesundheitlichen Gründen bereits 1997 das Amt niederlegen musste, folgten nach einem Interim Morten Schuldt Jensen (geb. 1958) und Gregor Meyer (geb. 1979) im Amt, die die eingeschlagene Richtung fortsetzten und mit dem Chor ein künstlerisches Niveau erreichten, das dem Haus und seinem Orchester angemessen ist. Ekkehard Schreiber verstarb 2008 im Alter von nur 66 Jahren.

Die Hochschule für Musik wird Hochschule für Musik und Theater, 1992

Das Gebäude der Hochschule für Musik und Theater am Dittrichring
Fotografie von Günter Müller, 2014
Verlagsarchiv

Seit ihrer Gründung im Jahre 1953 hatte man an der Leipziger Theaterhochschule »Hans Otto« in allen klassischen Bereichen vom Schauspiel bis zur Regie theoretisch und praktisch ausgebildet. Einem in verschiedenen großen bundesdeutschen Kulturzentren bewährten Modell folgend, gab die Hochschule 1992 ihre institutionelle Eigenständigkeit auf und wurde mit der Hochschule für Musik »Felix Mendelssohn Bartholdy« zur Hochschule für Musik und Theater zusammengeschlossen. Gerade in den Bereichen an den Schnittstellen der Künste brachte diese Entscheidung deutliche Vorteile mit sich. Dies galt sowohl für einzelne bereits existierende Studiengänge, die nun leicht Erweiterungen und Spezialisierungen erfahren konnten, als auch für diverse neugegründete Studiengänge. Am stärksten profitierten wohl die musiktheatralischen Fachrichtungen von der Zusammenlegung. Dennoch ist nur zu deutlich, dass hinter dieser wie hinter fast allen Hochschulfusionen klare politisch-ökonomische Motive standen, die vor allem im administrativen Bereich sofort Früchte trugen. Die Ausbildung findet nun an zwei zentralen Standorten statt: im traditionsreichen Bau in der Grassistraße und seit 2002 in einem ebenfalls repräsentativen Gebäude am Dittrichring.

Der Hofmeister Verlag kehrt an seinen Stammort zurück, 1992

Verlagsgebäude des Friedrich Hofmeister Verlags an der Büttnerstraße
Fotografie von Günter Müller, 2014
Verlagsarchiv

Carl Wilhelm Günther (1878–1956) hatte bis 1952 den Hofmeister Musikverlag an seinem Gründungsort und Stammsitz weitergeführt. Dann allerdings war er widerrechtlich durch das SED-Regime enteignet worden. Nur vier Jahre nach der Flucht in den Westen starb der Unternehmer, nachdem er den Wieder- bzw. Neuaufbau in Frankfurt am Main noch in die Wege hatte leiten können. Schließlich bezog der Verlag seinen Sitz in Hofheim am Taunus, wurde aber in familiärer Erbfolge bis in die Gegenwart weitergegeben. Mit der Restitution nach der Wende fiel der Entschluss, 1992 an den einstigen Stammsitz in Leipzig zurückzukehren – wo der verstaatlichte Verlag als VEB Friedrich Hofmeister ebenfalls fortgeführt worden war – und das historische Verlagsgebäude wieder in Besitz zu nehmen. Neben diversen traditionsreichen Produktionen erscheinen im Hofmeister Musikverlag nunmehr auch diverse musikwissenschaftliche Jahrbücher und Schriftenreihen wie die »Denkmäler mitteldeutscher Barockmusik« oder seit 1999 die Ausgabenreihe »Rheinsberger Hofmusik«. Der Produktion von sowohl praktischen als auch kritischen Ausgaben ist der Verlag treu geblieben. Insbesondere durch die Verpflichtung namhafter Instrumentalisten als Herausgeber bzw. Bearbeiter hat der Musikverlag seinen Markt gesichert.

Georg Christoph Biller, Thomaskantor 1992–2015

Georg Christoph Biller
Fotografie von Gert Mothes
Leipzig, Archiv Gert Mothes

Georg Christoph Biller (geb. 1955) lenkte fast ein Vierteljahrhundert lang die Geschicke des Thomanerchores. Der Sänger und Dirigent war selbst durch die Ausbildung des Thomanerchores gegangen, geprägt durch Erhard Mauersberger und Hans-Joachim Rotzsch. Bevor er 1992 deren Nachfolge antrat, machte er sich einen Namen als intelligenter Lied- und Oratoriensänger, aber auch als Ensembleleiter – u. a. beim Gewandhauschor und als Gründer des Leipziger Vocal-ensembles. Als Thomaskantor legte der 1994 zum Professor für Chordirigieren an die Hochschule für Musik und Theater »Felix Mendelssohn Bartholdy« Berufene Wert auf die Einbeziehung von Erkenntnissen der Historischen Aufführungspraxis ebenso wie auf die systematische Auseinandersetzung mit dem Werk Bachs. In bewährter Thomaskantoren-Tradition betätigte sich Biller als Komponist, wobei ausgewählte Werke in ihrem Anspruch weit über notwendige Bearbeitungen hinausgehen. Insbesondere im Rahmen der Feierlichkeiten zum 800. Jahrestag von Thomasschule und Thomanerchor reihte sich der Kantor mit einer Festmusik in die Reihe großer Auftragskompositionen namhafter Komponisten ein. Nach längerer Krankheit erklärte Georg Christoph Biller 2015 seinen Rücktritt.

160

Bachpflege bei den Thomanern nach neuen Maßstäben, 1992

Konzert des Thomanerchores unter Georg Christoph Biller in der Thomaskirche
Fotografie von Gert Mothes, 1997
Leipzig, Archiv Gert Mothes

Mit der politischen Wende waren nicht nur die Mauern für die Ostdeutschen gefallen, die ihren Fuß nun in alle Welt setzen konnten. Gleichzeitig entwickelte sich Leipzig von nun an zu einem Magneten für Kulturtouristen aus aller Herren Länder, woran das Image als Musikstadt bedeutenden Anteil hatte und hat. Insbesondere die Musikpflege an Thomaskirche und -schule wirkt als besondere Attraktion. Die Fortsetzung der Tradition der freitäglichen Motetten und der samstäglichen Kantaten der Thomaner – während der Schulferien oder Gastspielreisen treten andere Leipziger Ensembles an ihrer Stelle auf – festigte ihren Platz im kulturellen Bewusstsein. Neben den traditionellen Oratorienaufführungen der Thomaner und dem alljährlichen Weihnachtsliedersingen ist insbesondere die Christvesper am Heiligen Abend ein fester Bestandteil musikstädtischer Festkultur geblieben. Ein zentrales Moment der Entwicklung des Thomanerchores nach der Wende bildete die konsequente Rückbesinnung auf liturgische Aufgaben. Entscheidendes Verdienst des Thomaskantors Georg Christoph Biller war in diesem Zusammenhang die chronologische Aufarbeitung und Aufführung sämtlicher Bachkantaten unter Rückführung auf ihren Bezug zum Kirchenjahr mit Thomanern und Gewandhausorchester.

Wave Gotik – Inbegriff musikalischer Toleranz, 1992

Für manchen ist es eine Art Kostümfest, für andere ein Lebensgefühl. Das Wave-Gotik-Treffen – ursprünglich Wave-Gothic-Treffen –, das seit 1992 jährlich am Pfingstwochenende Besucher aus der ganzen Welt anlockt, definiert sich primär über eine visuelle Komponente, dennoch würden viele die Veranstaltung ob der Dominanz der verschiedensten Konzerte gewiss als Musikfestival definieren. Neben durchschnittlich über 100 Konzerten verschiedenster Größenordnung und Couleur locken die Veranstalter mit Filmen, Club-Partys, Lesungen, Ausstellungen, Handwerkermärkten und vielem mehr ein Publikum, das seine Zugehörigkeit über ein extravagantes Outfit definiert, das aber längst nicht mehr nur Schwarz in Schwarz ist. Farbig und historisierend, schillernd und nicht selten aufreizend präsentieren die Teilnehmer oft die Ergebnisse monatelanger kreativer Arbeit und werden so selbst zum prägenden Teil des Events. Am Pfingstwochenende beleben sie nahezu alle Clubs und Konzertorte der Stadt – traditionelle wie eigene. In der Gegenwart bieten Formate wie die »Musikkammer« einer vielfältigen Nachwuchsszene eine Plattform. Mit einer gewaltigen musikalischen Vielfalt ist das Wave-Gotik-Treffen längst ein Inbegriff musikalischer Toleranz.

Das Leipziger Streichquartett geht in die Unabhängigkeit, 1993

Das Neue Leipziger Streichquartett mit Andreas Seidel (1. Violine), Tilman Büning (Violine), Ivo Bauer (Viola) und Matthias Moosdorf (Cello)
Fotografie von Gert Mothes, 1989
Leipzig, Archiv Gert Mothes

Zu Beginn der 1990er Jahre hielt wohl mancher die Entscheidung schlicht für Wahnsinn, doch in den nur fünf Jahren seiner Existenz seit 1988 hatte sich das Leipziger Streichquartett neben dem Gewandhaus-Quartett zum Aushängeschild der Musikstadt entwickelt, zahlreiche Preise erhalten und einen Ruf begründet, der bis in die Gegenwart wirkt. Doch 1993, als aufgrund der wirtschaftlichen Situation im Lande jeder Musiker sich glücklich schätzen musste, eine Orchesterstelle zu haben, wagten die Mitglieder des Leipziger Streichquartetts – unter ihnen drei Stimmführer des Gewandhausorchesters – den Schritt in die Selbständigkeit, um sich von nun an ausschließlich der Kammermusik widmen zu können. 1988 hatte sich das Quartett quasi als Nachwuchsensemble gegründet. Nach der Wende hatten die Musiker jede Chance genutzt, mit den Großen ihrer Zunft zu arbeiten und namhafte Preise zu gewinnen, 1991 unter anderem den ARD Musikwettbewerb und 1992 den Förderpreis des Siemens-Musikpreises. Insofern war die Entscheidung zwar mutig, aber konsequent. Ihre Richtigkeit bestätigt sich in der Fortsetzung der Ensemblekarriere, die unter anderem durch herausragende Platteneinspielungen gekrönt ist.

Das Kulturraumgesetz Sachsen wird verabschiedet, 1993

Das Leipziger Symphonieorchester
Fotografie, 2015
Leipzig, Archiv des LSO

Die Zeiten nach der deutschen Wiedervereinigung waren wirtschaftlich schwierig und stellten im Osten Deutschlands das Sozialgefüge vielfach vor eine Zerreißprobe. Marode Industriebetriebe brachen reihenweise zusammen, die Wirtschaftlichkeit ganzer Produktions- und Dienstleistungszweige stand infrage, Berufszweige lösten sich auf. In mancher Region erreichte die Arbeitslosenquote über 15 Prozent. So war es nicht verwunderlich, dass staatliche Investitionen und öffentliche Fördermittel auf den Prüfstand gestellt wurden. Als sofort hinterfragter Luxusartikel galt die dichte Theater- und Orchesterlandschaft. 1992 setzte die sächsische Landesregierung eine Kommission zur Begutachtung der entsprechenden Strukturen ein. Die Naumann-Kommission unter Leitung von Matthias Theodor Vogt (geb. 1959) gab Empfehlungen, auf deren Basis das »Kulturraumgesetz Sachsen« entwickelt wurde. Dieses teilt das Land Sachsen in fünf ländliche und drei urbane Kulturräume ein und schreibt die Kulturpflege erstmals als kommunale Pflichtaufgabe mit Gesetzesrang fest. Nicht zuletzt das Leipziger Symphonieorchester (LSO) wird heute im Sinne dieses Gesetzes als Kulturraum-Orchester finanziert und ist mehreren Kommunen des weiteren Leipziger Umlandes verpflichtet.

164

Konzerte am Bachdenkmal werden zum Erfolgsmodell

»Montags zu Bachen«, dies war und bleibt ein Ritual der Leipziger und ihrer Gäste. Aus den drei Konzertreihen, mit denen die Stadt die sommerliche Musikszene beleben wollte, hat sich nur jene am Bachdenkmal über die Nachwendejahre gerettet. Nach turbulenten Debatten und Experimenten um die Organisation wurde sie allmählich in private Trägerschaft überführt. Mit Unterstützung von Sparkasse und Stadt Leipzig gelingt es dem Veranstalter Peter Zimmer (geb. 1949), einem renommierten Rundfunkjournalisten, der in der Regel bei den Konzerten auch als Moderator auftritt, mit populär gehaltenen Programmen bei freiem Eintritt ein breites Publikum mitzunehmen. Vom Streichquartett bis zur Bluesformation reichen die Angebote. Insbesondere für Nachwuchsensembles aus dem anglophonen Kulturraum hat sich der Platz vor der Thomaskirche zu einer attraktiven Station für ihre Sommertourneen entwickelt, wobei die Tatsache, dass das Konzert bei schlechtem Wetter in der Kirche stattfindet, schon zu mancher ästhetischen Verwicklung geführt hat, denn hier soll es laut Zimmer schon vorgekommen sein, dass als Zugabe der Schlager »Rosamunde« erklang. Bis in die Gegenwart sind die vom Veranstalter gestellten Plastikstühle bereits zwei Stunden vor Konzertbeginn belegt, die Freisitze der umliegenden Cafés ausgebucht.

Volker Hagedorn, Musikkritiker der »Leipziger Volkszeitung«, 1994–1996

Volker Hagedorn
Fotografie von Gert Mothes
Leipzig, Archiv Gert Mothes

Die Nachwendejahre mögen in vielerlei Hinsicht eine turbulente Zeit gewesen sein. Zu den Bereichen, in denen die politischen Veränderungen sich aber sofort mit massivster Nachhaltigkeit bemerkbar machten, zählt die Medienlandschaft. Insbesondere der Markt der Printmedien wurde gewissermaßen über Nacht vollkommen verändert. Zum einen war natürlich das gewaltige Interesse an den Westmedien eine treibende Kraft am Markt – vor allem bezogen auf Straßenverkaufszeitungen und Magazine; zum anderen war den großen bundesdeutschen Verlagen schnell klar, welches Potenzial der ostdeutsche Regionalzeitungsmarkt bot. Die ehemaligen DDR-Bezirkszeitungen wurden weitgehend durch ohnehin marktführende Verlagshäuser erworben. Redaktionen wurden in unterschiedlichem Maße ausgetauscht oder erneuert. Für die Musikkritik der »Leipziger Volkszeitung«, die sich zunächst zu je 50 Prozent die Verlage Springer und Madsack teilten, war der in Hannover ausgebildete Volker Hagedorn (geb. 1961) der Mann der ersten Stunde. Er prägte entscheidend das Bild einer neuen liberalen und dennoch engagierten Musikkritik und begründete von hier aus seine eigene herausragende Kritikerkarriere, die ihn später in die Jury des begehrten »Preises der Deutschen Schallplattenkritik« führte und zum Autor der Wochenzeitung »Die Zeit« machte.

Die Schaubühne Lindenfels als Plattform für die alternative Szene, 1994

Erwin Stache und Henry Schneider
mit ihrem Programm »Endlich endlos
atmen« in der Schaubühne Lindenfels,
um 1998
Fotografie von Gert Mothes
Leipzig, Archiv Gert Mothes

Seit Mitte der 1970er Jahre hatte das Haus an der Karl-Heine-Straße in einem wahrhaften Dornröschenschlaf gelegen – teils zur Fabrik umfunktioniert, teils als Kino betrieben, war es schließlich dem Verfall preisgegeben gewesen. Und ganz wie im Märchen musste erst einmal jemand wieder ins Innere des Palastes vordringen und die Schönheit und Einzigartigkeit der Jugendstilarchitektur entdecken, die zum Glück erhalten geblieben war. Im Falle der Schaubühne Lindenfels waren es Künstler, die sich 1993 vom Theaterhaus Jena, einem der ersten freien Theater des Ostens, abspalteten und das einstige Tanzlokal mit Kino im ehemaligen Industriebezirk Plagwitz für sich entdeckten. Neben aufsehenerregenden Theaterinszenierungen – unter anderem vom späteren Leipziger Schauspielintendanten Sebastian Hartmann – und Filmpräsentationen – beispielsweise von Volker Schlöndorff – war die Schaubühne von Anfang an auch Konzertort, u. a. im Rahmen des a cappella-Festivals, aber auch für Veranstaltungen mit Ulla Meinecke oder für unterschiedliche Projekte mit zeitgenössischer seriöser und experimenteller Musik. Mittlerweile ist die Schaubühne Lindenfels eine feste Adresse im Leipziger Westen, der insgesamt längst Heimstatt der alternativen Szene ist.

167

Sommerfestival-Atmosphäre auf dem Markt, 1994

Peter Degner moderiert die Eröffnung
von »Classic Open« auf dem Markt
Fotografie von Wolfgang Zeyen, 2010
Leipzig, Achiv Wolfgang Zeyen

1994 startete Peter Degner, Kulturmanager und Leipziger Original, mit einer Idee einen Testlauf, die eines der ersten und bis in die Gegenwart das größte jener Projekte hervorbringen sollte, die zum Ziel haben, die Sommerpausen der kommunalen Veranstalter zu füllen und gleichzeitig Einheimischen und Touristen ein Rundumpaket mit leichter Unterhaltung und Kulinarischem zu bieten. Es war die Zeit der großen Cross-Over-Events in internationalen Stadien: »Die drei Tenöre« – José Carreras, Plácido Domingo und Luciano Pavarotti – sangen zu unerschwinglichen Preisen am Rande diverser Fußballweltmeisterschaften; »Pavarotti and Friends« füllten Stadien; die Arena di Verona war für Operntouristen ein Traumziel. Ein bisschen von dieser Atmosphäre holte Degner per Leinwand auf den Leipziger Markt – bei freiem Eintritt, während ausgesuchte Restaurants Spezialitäten zu erschwinglichen Preisen anboten. Mittlerweile haben die Classic Open ihr Angebot um zahlreiche Live-Acts, aber auch über nahezu alle Genregrenzen hinaus erweitert. Nicht von allen einstigen Anhängern wird diese Öffnung in Richtung eines allgemeinen Volksfestes gleichermaßen begeistert aufgenommen.

Ein Glanzlicht der ARD-Unterhaltung wird in Leipzig etabliert, 1994

José Carreras Gala am 13. Dezember 2007
auf der Neuen Messe Leipzig
Plakat, 2007
Leipzig, Stadtgeschichtliches Museum

Am 16. Dezember 1994 ging eines der erfolgreichsten Charity-Formate der ARD im ausgehenden 20. Jahrhundert an den Start: die »José Carreras Gala«. Der Tenor (geb. 1946), der 1987 selbst an Leukämie erkrankt war, sammelte im Rahmen einer großen vorweihnachtlichen Gala Spenden für seine Stiftung im Kampf gegen Blutkrebs. Jahr für Jahr mit Spendenrekorden und einer Mischung von Unterhaltung und Information veranstaltete der Mitteldeutsche Rundfunk die Gala zunächst auf der Alten sowie 2001–2012 auf der Neuen Messe. Namhafte Interpreten aus dem Klassik- wie aus dem Popbereich stellten sich über die Jahre in den Dienst der guten Sache. Prominenz aus Politik und Showgeschäft krönte das Ereignis einer »goldenen Ära«, während der der MDR eine zentrale Stellung der Unterhaltungsproduktion der ARD innehatte. Künstler wie David Garrett (geb. 1980), Herbert Grönemeyer (geb. 1956), Udo Jürgens (1934–2014), die Scorpions oder Luciano Pavarotti (1935–2007) waren zum Teil mehrmals Gäste der Gala, die generell durch José Carreras comoderiert wurde, der sich größter Popularität erfreute, da er sich mit den Konzerten der »Drei Tenöre« gemeinsam mit seinen Kollegen Plácido Domingo (geb. 1941) und Luciano Pavarotti anlässlich diverser Fußballweltmeisterschaften ins Bewusstsein der Massen gesungen hatte.

Das »Werk II« wird zur festen Adresse in Sachen Alternativkultur, 1995

Musikmesse und Musikfestival Leipzig
(Pop Up) im »Werk II«
Fotografie von Wolfgang Zeyen, 2003
Leipzig, Archiv Wolfgang Zeyen

Der Reiz alter Industrieanlagen – im Rohzustand oder in Livestyle-orientierter Aufarbeitung – für Künstler ebenso wie für eine sich neu herausbildende Schicht sozialer Leistungsträger ist gewiss ein Zeitgeistphänomen, das spätestens in der Mitte der 1990er Jahre einsetzte und bis in die Gegenwart anhält. Die Gründe liegen auf der Hand: Die Industriebrachen waren da, oft sogar in attraktiven Lagen, und ihnen einen gewissen Charme abzugewinnen, ist nicht schwer.

Außerdem bieten sie meist viel Raum. In unterschiedlichen Trägerschaften – vom gemeinnützigen Verein über die Künstlerkooperative bis zur Agentur – wurden in solchen Anlagen Kulturzentren geschaffen. Eine der traditionsreichsten Adressen ist in Leipzig das »Werk II«. Nicht zuletzt aufgrund seiner Lage im Szeneviertel Connewitz ist das Objekt, das Gastronomie mit Kursangeboten, Konzerten aller Couleur, Lesungen und vielem mehr verbindet, ein Erfolg. 1995

wurde mit der Vorlage eines Nutzungskonzeptes der Stein für den dauerhaften Betrieb durch einen sozio-kulturellen Verein ins Rollen gebracht, der sich bereits seit der Wendezeit unter unterschiedlichen Namen bewährt hatte. Die Stadt erwarb die Immobilie und stellte das »Werk II« somit auf relativ sichere Füße.

Die »Rolling Stones« spielen in Leipzig, 1995

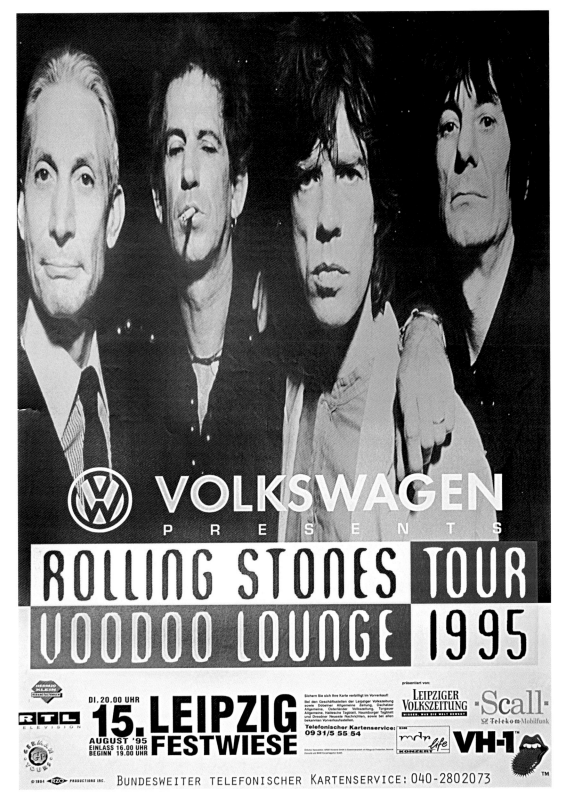

Konzert der Rolling Stones
am 15. August 1995 auf der Festwiese
Plakat, 1995
Leipzig, Stadtgeschichtliches Museum

Noch in der Mitte der 1990er Jahre waren Veranstaltungen dieser Art mit dem Reiz des scheinbar Unerreichbaren, doch Eintretenden behaftet, in gewissem Grade unwirklich. Ereignisse, die mit ihrem Bekanntwerden Stürme auf Konzertkassen und Bestellhotlines auslösten, auf die gerade in dieser Zeit Menschen hin sparten, repräsentieren Sehnsucht und Erfüllung. Die Erfahrung, an eine Konzertkasse gehen zu können und schlicht mit Geld Tickets für die originalen Rocklegenden aus dem Westen kaufen zu können, war neu, schaurig schön oder ernüchternd. Keine zentrale Vergabe mehr – die Schlacht um die Tickets für das Rolling Stones Konzert 1995 auf der Festwiese in Leipzig wurde mit den üblichen kapitalistischen Waffen geschlagen: wer zuerst kommt, zahlt zuerst. Da die »Rolling Stones« – länger als manch andere Rockband – für die DDR als Inkarnation des Bösen und Dekadenten westlicher Kultur gegolten hatten, wurde gerade dieses Konzert vor rund 80 000 Besuchern zu einem verspäteten musikalischen Befreiungsschlag mit Symbolkraft, der Zeitzeugenberichten zufolge dennoch nicht in klassischer Rockkonzert-Atmosphäre abgelaufen sein soll, sondern als ein Aufeinandertreffen von Kulturen. Es blieb nicht das letzte Konzert der Kultband an der Pleiße.

Der Schumann-Verein Leipzig e.V. gründet sich, 1995

Schumann-Saal und Nebenraum im
Schumannhaus an der Inselstraße
Fotografie von Matthias Koch
Leipzig, Archiv des Schumann-Vereins
Leipzig e.V.

Das Wohnhaus in der Inselstraße, in dem Robert und Clara
Schumann ihre ersten vier Ehe-
jahre verbracht hatten, zu retten
und zu einem angemessenen
Erinnerungsort zu machen, war
eines der Hauptziele der Gründung des Schumann-Vereins
Leipzig durch eine illustre Gruppe engagierter Leipziger Bürger,
unter denen der Schumann-
Forscher Prof. Dr. Hans Joachim
Köhler (geb. 1937) eine treibende
Kraft verkörperte. Mit einem ungewöhnlichen Museumskonzept
gingen die Verantwortlichen an
den Start und schufen zugleich
ein Museum und einen geho-
benen kulturellen Treffpunkt,
der bewusst die Vernetzung mit
anderen Kulturträgern der Stadt
sucht. Neben regelmäßigen
Veranstaltungen im Konzertsaal
innerhalb der Ausstellungsräume, deren Höhepunkt die
jährlich stattfindende Schumann-
Woche ist, die mittlerweile eine
Riege herausragender Künstler
anlockt, versteht sich das Schu-
mann-Haus ausdrücklich auch
als Institution mit Bildungsan-
spruch. Mit der Einrichtung der
Clara-Schumann-Grundschule
in freier Trägerschaft der Rahn-
Schulen etablierte sich in dem
Gebäude eine ebenso kunstver-
bundene wie in ihrem sozialen
Anspruch elitäre Bildungseinrichtung, die in der Gegenwart das Bild des Schumann-
Hauses entscheidend prägt.

Uraufführungen und Populäres, 1995

Uraufführung des Zweiten Violinkon-
zerts von Krzysztof Penderecki (Bild-
mitte) mit Anne-Sophie Mutter und dem
MDR Sinfonieorchester unter Mariss
Jansons (vorn links) beim MDR Musik-
sommer am 24. Juni 1995
Fotografie, 1995
Leipzig, Archiv des MDR

Es war eine der spektakulärsten
Uraufführungen, die das Gewandhaus in den Jahren nach
der Wende gesehen hat – die
Weltklassegeigerin Anne-Sophie
Mutter spielte 1995 zusammen
mit dem MDR Sinfonieorchester
unter Mariss Jansons (geb. 1943)
das Zweite Violinkonzert von
Krzysztof Penderecki (geb. 1933).
Mit dem Konzert, einem Auf-
tragswerk des MDR, wurde der
vierte MDR Musiksommer eröffnet – ein einzigartiger Triumph.
Der MDR Musiksommer hatte

sich zu diesem Zeitpunkt bereits
als anerkanntes Musikfestival
in der Region etabliert, seine
Eröffnung war ein glamouröses
soziales Ereignis. Die ursprüngliche Idee war es, die drei Bundesländer des MDR – Sachsen,
Sachsen-Anhalt und Thüringen – zu verbinden und mit den
Angeboten eines dezentralen
Festivals die Hörer an den unterschiedlichsten Orten der drei
Länder zu erreichen – zum einen
mit in der Region verwurzelten
Angeboten, zum anderen aber

auch mit herausragenden internationalen Darbietungen. Über
die Jahre hinweg ist der MDR
Musiksommer in seinen Angeboten erheblich geschrumpft
und hat auch an Einzigartigkeit
verloren; dennoch ist das Festival in der Gegenwart im Verbrei-
tungsgebiet des Mitteldeutschen
Rundfunks vor allem jenseits der
größeren Kulturmetropolen zu
einer festen Größe geworden.

Die Musikschule wird in kommunale Trägerschaft überführt, 1996

Das Gebäude der Musikschule Leipzig an der Schillerstraße
Fotografie von Günter Müller, 2015
Verlagsarchiv

Der neuen Marktsituation in Angebot und Nachfrage, aber auch in Fragen von Konkurrenz folgend, waren die einstigen staatlichen Musikschulen in Ostdeutschland in den 1990er Jahren einem rapiden, grundsätzlichen Wandel unterworfen. So auch die Leipziger Musikschule »Johann Sebastian Bach«, die sich in den folgenden Jahren in kommunaler Trägerschaft zur zweitgrößten Musikschule der Bundesrepublik entwickelte. Der Einzug in ein repräsentatives Domizil an der Kreuzung von Peters- und Schillerstraße war symbolträchtig. Darüber hinaus baute die Einrichtung ihre Angebote in den Stadtteilen aus. Typisch für die Zeit war eine Zielgruppenerweiterung in verschiedene Richtungen – namentlich wurde das relativ starre Alterskonzept aufgehoben. Neben erwachsenen Einsteigern wurden nach und nach auch Klein- und Kleinstkinder, schließlich sogar Babys in den Blick genommen. Im allgemeinen Trend lagen darüber hinaus die Erweiterung um diverse Ergänzungsangebote, ein anderes Verhältnis zum Gruppenunterricht, der Ausbau des popularmusikalischen Bereichs, die Integration anderer Kreativfelder – insbesondere Tanz – und die Einführung eines projektbezogenen Unterrichts. Mit ihren Angeboten im Ensemblebereich reagierte die Einrichtung zugleich auf die Konkurrenz durch freiberufliche Lehrer und kleinere private Schulen.

Peter Korfmacher wird Musikredakteur der »Leipziger Volkszeitung«, 1996

Peter Korfmacher im Gespräch mit dem
Gewandhausdirektor Andreas Schulz
Fotografie von Gert Mothes
Leipzig, Archiv Gert Mothes

Mit knapp 30 Jahren, aber dennoch nachhaltiger Erfahrung als
Musikkritiker, übernahm der aus
dem Rheinland stammende Musikjournalist Peter Korfmacher
(geb. 1966) 1996 die Stelle des
Musikredakteurs der »Leipziger
Volkszeitung«. Der in Florenz
und Köln ausgebildete Musikwissenschaftler kann obendrein Studien in Komposition und Klavier
vorweisen und schrieb, bevor er
nach Leipzig kam, bereits für die
»Rheinische Post«, die »Westdeutsche Allgemeine Zeitung«

und einschlägige Musikmagazine. Sein Verdienst in Leipzig ist
die Etablierung des Musikkritikers als soziale Instanz innerhalb
eines urbanen Netzwerkes. Seit
2000 ist Peter Korfmacher Leiter
des Kulturressorts des Blattes.
Seine streitbaren, aber immer
fundierten Positionen stehen
fest in der Tradition bürgerlicher
Musikkritik, bekennen sich aber
zugleich zu einem zeitgemäßen
liberalen und ausgewogenen
Journalismusbegriff. Korfmacher, der darüber hinaus als

Jurymitglied in verschiedenen
Wettbewerben wirkt – nicht
zuletzt beim Robert-Schumann-
Wettbewerb Zwickau –, hat
sich auch als Moderator in der
Leipziger Szene einen Namen
gemacht und beweist eher im
Spaße dann und wann öffentlich
am Klavier, dass er durchaus
beherrscht, worüber er schreibt.

Dreigestirn beim MDR, 1996

Die Aktivitäten des Dirigenten
Daniel Nazareth an der Spitze
des MDR Sinfonieorchesters
waren umstritten – künstlerisch
wie in ihrer Vermarktung. Die
Suche nach einem Nachfolger für
die Leitung des Rundfunkklang-
körpers gestaltete sich schwierig.
Die Ursachen dafür mögen in der
Struktur der Rundfunkklangkörper ebenso gelegen haben wie
in der unklaren Positionierung
gegenüber dem Gewandhausorchester und im Musikmarkt der
Zeit. Weltweit war es üblich, dass
namhafte Dirigenten weit mehr
als einem oder zwei Orchestern
vorstanden. Zunächst hatten
die Verantwortlichen ob der
Schwierigkeiten bei der Suche
erwogen, ein längeres Interim
bei der Leitung des Orchesters
in Kauf zu nehmen. Dennoch
verblüffte Intendant Udo Reiter
(1944–2014) am 12. März 1996 mit
einer ungewöhnlichen Nachricht.
Anstelle eines Chefdirigenten
präsentierte er – zunächst für
die Leitung von MDR Rundfunkchor und Rundfunk-Sinfonieorchester – drei Hauptdirigenten:
Manfred Honeck (geb. 1958),
Fabio Luisi (geb. 1959) und Mar-
cello Viotti (1954–2005); alle drei
mit einem Dreijahresvertrag und
der Option auf eine zweijährige
Verlängerung. Von dieser machte
schließlich Fabio Luisi Gebrauch
und unterzeichnete einen Vertrag als alleiniger Chefdirigent
des MDR Sinfonieorchesters,
dem er bis 2007 vorstand.

Mendelssohns Wohn- und Sterbehaus wird Museum, 1997

Rekonstruiertes Arbeitszimmer von Felix Mendelssohn Bartholdy im Mendelssohnhaus
Fotografie von Gert Mothes, 2010
Leipzig, Archiv Gert Mothes

Es war eine Mammutaufgabe, der sich nicht zuletzt Kurt Masur verschrieben hatte. Mit der politischen Wende verstärkten sich die Bemühungen, mit internationaler Unterstützung das fast völlig verkommene Wohn- und Sterbehaus Felix Mendelssohn Bartholdys in der Goldschmidtstraße 12 als Gedächtnisort zu rekonstruieren. Bereits am 4. November 1997 wurde das Mendelssohnhaus – Sitz der Mendelssohnstiftung und des dem Komponisten gewidmeten Museums – der Öffentlichkeit übergeben. Der Musiksalon in den Wohnräumen des Komponisten in der ersten Etage hat sich von der Eröffnung des Museums an kontinuierlich zu einer festen Adresse für kammermusikalische Veranstaltungen, aber auch für musikwissenschaftliche Tagungen entwickelt. Neben einem zweiten Saal im Dachgeschoss der Remise ist er auch für diverse Veranstaltungen anmietbar. Die Internationale Mendelssohnakademie hält in dem größeren der beiden Räume ihre Meisterkurse im kammermusikalischen Bereich ab. Bis März 2013 war in dem Gebäude das Institut für Musikwissenschaft der Leipziger Universität beheimatet. Seit Februar 2014 wendet sich das Museum mit zeitgemäßem intermedialen Konzept und einer Erweiterung um zahlreiche Ausstellungsräume an ein noch breiteres Publikum.

Das Krystallpalast-Varieté: neues Haus – klangvoller Name, 1997

Es war mehr als nur die bewusste Rückbesinnung auf eine alte Unterhaltungstradition, die ihre festen Wurzeln in Leipzig hatte. Zeitzeugenberichten zufolge war die Eröffnung des Krystallpalast-Varietés im November 1997 für manchen so etwas wie eine späte Wiedergutmachung. War der legendäre Krystallpalast, in dem in der ersten Jahrhunderthälfte die ganz Großen des Revuetheaters aufgetreten waren, im Krieg zerstört worden, so hatte die DDR zunächst versucht – wenn auch auf sonderbare Weise – Ersatz zu schaffen: Wo der Krystallpalast gestanden hatte, errichtete unmittelbar nach dem Krieg der spätere Staatszirkus Aeros eine feste Spielstätte. Durch verschiedene Nutzungsmodelle – immer in der Unterhaltungsbranche – produzierte schließlich das Fernsehen der DDR Unterhaltungssendungen, darunter die legendäre Samstag-Abendshow »Da liegt Musike drin«, bis 1992 ein Brand alle Zukunftspläne zunichte machte. Der Krystallpalast der Gegenwart befindet sich an anderer Stelle. In der Magazingasse im Stadtzentrum verfügt er über rund 100 Plätze und zeigt Eigenproduktionen aus dem klassischen Varieté-Bereich. Mit einer jährlichen Newcomershow präsentiert der Krystallpalast mittlerweile eine deutschlandweit einzigartige Messe.

»a cappella-Festival« begründet eindrucksvolle Serie, 1997

Auftritt von »Amarcord« beim a cappella-Festival
Fotografie von Wolfgang Zeyen
Leipzig, Archiv Wolfgang Zeyen

»Amarcord« – in der weltweiten a cappella-Szene fungiert der Name quasi als Zauberwort. Das hat ohne Zweifel qualitative Gründe, zeugt aber auch von der internationalen Wahrnehmung der Aktivitäten des Ausnahmeensembles aus Leipzig, und zu diesen gehört seit 1997 auch das a cappella-Festival. Bis zur Gegenwart haben die Sänger die künstlerische Leitung inne. Die Legende besagt, dass Anlass zur Festivalgründung der fünfte Geburtstag des Vokalensembles war, zu dem die Musiker befreundete Ensembles aus aller Welt einladen wollten. In der Folge gaben sich Ensembles wie Hilliard und Orlando, die King's Singers, Bobby McFerrin, aber auch Nachwuchssänger unterschiedlichster Couleur die Klinke in die Hand. An verschiedenen Leipziger Konzertorten erklingen Vokalkompositionen aller Genres. Seit 2003 findet das Festival jährlich vor weitgehend ausverkauften Sälen statt. Drei Jahre später erhielt es den Tourismuspreis der Stadt Leipzig. Der internationale a cappella-Wettbewerb, der mittlerweile als Sprungbrett für Nachwuchsensembles aus aller Welt gilt, wird seit 2007 ausgetragen. Neben der Präsentation vor einer hochkarätig besetzten Jury ist die Option eines Konzertes in der Folgeausgabe ein attraktiver Preis, hinzu kommt die Gunst eines geschätzten Publikums.

Gründung des Ensembles »solo x-fach« durch Bernd Franke, 1998

Bernd Franke vor dem Neubau des
Unicampus in Leipzig
Fotografie von Gert Mothes
Leipzig, Archiv Gert Mothes

Mit dem erklärten Ziel, Werke
des gleichnamigen, seit 1988
entstandenen Kompositions-
zyklus »solo x-fach« adäquat
aufführen zu können, gründete
der Komponist Bernd Franke
(geb. 1959) 1998 das gleichnamige
Ensemble, bestehend aus einem
festen Musikerstamm, der für
die unterschiedlichen Werke
und Aufführungen flexibel und
zugleich routiniert interagieren
kann. Dennoch bedeutete dieser
Schritt mehr, hatte Franke doch
ohnehin spätestens ab Beginn

der neunziger Jahre kontinuierlich eine zweite Adresse für die
Neue Musik in Leipzig etabliert.
Damit knüpfte er auch an die
eigenen Aktivitäten der frühen
achtziger Jahre an, als er die
Gruppe »Junge Musik« Leipzig
geleitet hatte. Mit diversen Ver-
bindungen in die freie Szene –
unter anderem hatte Franke die
Musikprogramme in der Galerie
Beck koordiniert – und in die
Welt – in Tanglewood arbeitete
er mit Leonard Bernstein zusammen – verfolgte der Schüler von

Siegfried Thiele von vornherein
ein sehr eigenes Konzept. Heute
lehrt Franke – neben seinen
zahlreichen Verpflichtungen als
Komponist in der ganzen Welt –
am Institut für Musikwissenschaft der Leipziger Universität,
wo er neben einer studentischen
Konzertreihe insbesondere
auch eine hochkarätige Gast-
vorlesungsreihe zur Musik
der Gegenwart und jüngeren
Vergangenheit verantwortet.

Howard Arman, Leiter des MDR Rundfunkchors, 1998–2013

Howard Arman am Pult des MDR Rund-
funkchors
Fotografie
Leipzig, Archiv des MDR

Eine nachhaltige Lösung für die Leitung des MDR Rundfunk-chores präsentierte die Rund-funkanstalt 1998 mit Howard Arman (geb. 1954). Der Englän-der hatte nach dem Studium am Londoner Trinity College of Music diverse Chöre und Ensem-bles in seiner Heimat geleitet und sich zum Spezialisten der Prinzipien historischer Auffüh-rungspraxis entwickelt. Mit einer gleichermaßen eigenwilligen wie in der Tradition des Ensem-bles stehenden Handschrift und

einem eindrucksvollen Reper-toire – sowohl im oratorischen als auch im chorsinfonischen Bereich – schärfte der selbst komponierende Musiker konse-quent das Profil des Chores. Mit Darbietungen wie der Bachschen Matthäuspassion in der Fassung Felix Mendelssohn Bartholdys am 11. April 2000 setzte er Maß-stäbe mit beiden Klangkörpern – Chor und Orchester. Arman entwickelte den MDR Rundfunk-chor zu einem der bedeutends-ten professionellen Konzert-

chöre weltweit und etablierte den Klangkörper gleichzeitig mit Reihen wie dem Nachtgesang oder Weihnachtskonzerten mit Kultstatus in der Region. 2013 beendete Arman seine Tätigkeit beim MDR, um als Chefdirigent ans Theater Luzern zu gehen.

Herbert Blomstedt, Gewandhauskapellmeister 1998–2005

Herbert Blomstedt dirigiert das Gewand-
hausorchester
Fotografie von Gert Mothes
Leipzig, Archiv Gert Mothes

Als das Gewandhaus zur Sai-
son 1998 Herbert Blomstedt
(geb. 1927) als Nachfolger Kurt
Masurs im Amt des Gewand-
hauskapellmeisters präsentierte,
sorgte vor allem die Tatsache
für Verwunderung, dass es sich
dabei keinesfalls um einen jungen Hoffnungsträger handelte,
keine Persönlichkeit, mit der der
Klangkörper weit in die Zukunft
würde planen und schreiten
können. Blomstedt und Ma-
sur waren Altersgenossen. Der
Schwede war bei Amtsantritt

71 Jahre alt. Dennoch weckte
gerade der Ruf, der dem langjährigen Chef des San Francisco
Symphony Orchestra beschei-
nigte, einer der größten Orchestererzieher seiner Generation zu
sein, entscheidende Hoffnungen.
Denn in den Augen vieler stand
es nicht zum Besten um die
Klangkultur des von Masur
neben den New Yorker Philhar-
monikern geführten Orchesters.
Die Hoffnung auf neuen Glanz
und repräsentative Einspielungen wurde bereits mit diesem

Wechsel verbunden. Bezogen auf
die Geschichte des Gewandhausorchesters muss die Ära Blomstedt tatsächlich als weit mehr
angesehen werden denn als
Übergangsphase. Auch in Leipzig
machte der Dirigent seinem Ruf
als Meister der Klangkultur alle
Ehre und arbeitete hart an einem
unverwechselbaren Gewand-
hausklang. Die mit mehreren
Preisen bedachte Komplettein-
spielung der Sinfonien Anton
Bruckners legt davon Zeugnis ab.

Herbert Blomstedt führt das Gewandhausorchester ins neue Jahrtausend

»Elias« von Felix Mendelssohn Bartholdy mit dem Gewandhausorchester Leipzig, dem Gewandhauschor und dem Gewandhaus-Kammerchor unter Herbert Blomstedt mit Sibylla Rubens (Sopran), Nathalie Stutzmann (Alt), James Taylor (Tenor) und Christian Gerhaher (Bass)
Fotografie von Gert Mothes, 2008
Leipzig, Archiv Gert Mothes

Zu seinem 90. Geburtstag im Jahre 2017 schenkte sich Herbert Blomstedt eine Welttournee – mit jenem Leipziger Orchester, dessen Ehrendirigent er ist und das der gefragte Orchestererzieher ins neue Jahrtausend und in den Rang eines der weltbesten Klangkörper führte. Blomstedt führte die ursprüngliche Sitzordnung des Orchesters wieder ein. Auf der Basis eines befreiten Umgangs mit den Erfahrungen der historischen Aufführungspraxis ebenso wie mit der klassisch-romantischen Tradition des Orchesters schuf er seinen Nachfolgern Riccardo Chailly (geb. 1953) und Andris Nelsons (geb. 1978) ideale Voraussetzungen. Gefeiert für die Eleganz seiner Interpretationen, öffnete er zusätzlich zu den herausragenden Sichten auf Kompositionen des sogenannten Kernrepertoires von Beethoven über Brahms bis Schubert Perspektiven auf skandinavische Musik. Immer wieder war der Maestro auch während der Amtszeit seines Nachfolgers Riccardo Chailly (von 2005 bis 2015) eine sichere Bank in der Programmplanung des Gewandhausorchesters. Zum persönlichen Jubiläum erschien 2017 ein zukunftsweisender Beethoven-Zyklus.

Bach-Orgel in der Thomaskirche, 2000

Die Bach-Orgel in der Thomaskirche
Fotografie von Gert Mothes, 2000
Leipzig, Archiv Gert Mothes

Das Bach-Jahr 2000 mit seinen
vielfältigen Ereignissen bildete
auch den Rahmen für die Präsentation eines der beeindrucken-
deren Projekte der Orgelbauge-
schichte im 20. Jahrhundert. Die
Bach-Orgel auf der Nordempore
der Thomaskirche erfuhr ihre
Weihe. Die Marburger Orgel-
werkstatt Gerhard Woehl hatte
das Instrument, orientiert an den
Standards der mitteldeutschen
Orgelbautradition des 18. Jahrhunderts, gebaut. Das vierma-
nualige Instrument verfügt über
61 Register und stellt stilistisch
die perfekte Ergänzung zur
romantischen Sauer-Orgel dar.
Seither ist die Orgel ein gefragtes
Instrument insbesondere natürlich für die Interpretation der
Musik Johann Sebastian Bachs,
kommt aber auch im liturgischen
Rahmen häufig zum Einsatz.
Auch weil die Positionierung der
Orgel gegenüber dem attraktiven
Bach-Fenster, das 1895 vermutlich durch Carl de Bouché als
eines von fünf Memorialfenstern
im gotischen Langhaus gestaltet
wurde, ein fabelhaftes Symbol-
spiel mit sich bringt, ist sie eine
wahrhafte Touristenattraktion.
Das Gehäuse der Orgel selbst
wurde jenem des zerstörten
Instrumentes in der Pauliner-
kirche nachempfunden, auf
dem Bach selbst nachweislich
gespielt hat. Die Orgel gilt als
Referenzinstrument und wird
im Rahmen von Meisterkursen
und Akademien auch immer
wieder als solches präsentiert.

184

»Bach über Leipzig«, 2000

Bach schwebt über Leipzig – im Bach-Gedenkjahr 2000 galt das nicht nur im übertragenen Sinne der Schallwellen oder des großen Geistes des berühmtesten aller Thomaskantoren. Ein spektakulär offenes Bachfest war das zweite, das das Bach-Archiv auf Beschluss des Stadtrates als jährlich wiederkehrendes Ereignis organisiert hatte. Nicht allein, weil der 250. Todestag und ein herausragendes Veranstaltungsprogramm sich als wahrhafte Publikumsmagneten erwiesen, wurde das Ereignis weltweit stark beachtet. Sehr konkret prägte sich das poetische Bild des in den Lüften neben dem Wahrzeichen Leipzigs, dem als Büroturm der Universität errichteten Hochhaus am Augustusplatz, schwebenden Bach ins musikstädtische Bewusstsein. Kunst und Bekenntnis zugleich, hing drei Monate lang über der Innenstadt das eine Fläche von 54 x 54 Metern einnehmende Porträt Johann Sebastian Bachs als mosaikartige Installation aus farbigen Blättern, das der Schweizer Künstler Silvan Baer als assoziationsreiche und luftige Installation entworfen hatte. Neben einer weltweiten 24-stündigen TV-Übertragung am Todestag, in der sich Künstler aller Genres von internationalem Rang zu Bach positionierten, wurde hiermit eine breite öffentliche Sympathie für das Bachfest geweckt. Die mediale Wahrnehmung der Installation war gewaltig.

Verzeichnis der Personen und Institutionen

Literaturauswahl

Altner, Stefan; Petzoldt, Martin (Hrsg.): 800 Jahre Thomana. Glauben – singen – lernen. Festschrift zum Jubiläum von Thomaskirche, Thomanerchor und Thomasschule. Wettin-Lobejün 2012

Birkigt, Andreas; Wittke, Lothar: Leipziger Ballett. 10 Jahre Uwe Scholz. Heidelberg 2001

Blomstedt, Herbert: Mission Musik. Gespräche mit Julia Spinola. Kassel, Leipzig 2017

Böhm, Claudius: Das Gewandhaus-Quartett und die Kammermusik am Leipziger Gewandhaus seit 1808. Altenburg 2008

Busse, Anja: Saltos, Stars und Sekt auf Marken: Krystallpalast-Varieté-Geschichten. Leipzig 1998

Clemen, Jörg: Mitteldeutscher Rundfunk – die Geschichte des Sinfonieorchesters. Altenburg 1999

Czernetzki, Leonhard: 100 Jahre Theaterbau Haus »Dreilinden«: Spielstätte der Musikalischen Komödie. Leipzig 2012

Czernetzki, Leonhard (Hrsg.): 150 Jahre Operette in Leipzig. Leipzig 2009

Dieckmann, Christoph: My Generation. Cocker, Dylan, Honecker und die bleibende Zeit. Berlin 2017

Dittmann, Gudrun: Zwischen Anpassung und Integrität. Zu den Uraufführungen zeitgenössischer deutscher Opern am Leipziger Neuen Theater im NS-Staat. Essen 2005

Drüner, Ulrich; Günther, Georg: Musik und »Drittes Reich«: Fallbeispiele 1910 bis 1960 zu Herkunft, Höhepunkt und Nachwirkungen des Nationalsozialismus in der Musik. Wien, Köln, Weimar 2011

Fontana, Eszter; Wünsche, Stephan (Hrsg.): 600 Jahre Musik an der Universität Leipzig. Studien anlässlich des Jubiläums. Wettin 2010

Fontana, Eszter; Heise, Birgit: Für Aug' und Ohren gleich erfreulich. Musikinstrumente aus fünf Jahrhunderten. Leipzig 1998

Forner, Claudia; Forner, Johannes: Leipzig – die Musikstadt. Streifzüge durch acht Jahrhunderte. Leipzig 2014

Forner, Johannes (Hsrg.): 150 Jahre Musikhochschule 1843–1993. Festschrift der Hochschule für Musik und Theater »Felix Mendelssohn Bartholdy« Leipzig. Leipzig 1993

Forner, Johannes: Kurt Masur. Zeiten und Klänge. Biographie. München 2003

Geschichte der Musik im 20. Jahrhundert. 4 Bde. div. Hrsg. Laaber 2000–2006

Goltz, Maren: Musikstadt-Führer Leipzig. Altenburg 2004

Hennenberg, Fritz: Geschichte der Leipziger Oper von den Anfängen bis zur Gegenwart. Beucha 2009

Hoerning, Hanskarl; Pfeifer, Harald: Dürfen die denn das. 75 Jahre Kabarett in Leipzig. Leipzig 1996

Jung, Hans-Rainer: Das Gewandhaus-Orchester. Seine Mitglieder und seine Geschichte seit 1743. Leipzig 2006

Kühn, Cornelia: Die Kunst gehört dem Volke? Volkskunst in der frühen DDR zwischen politischer Lenkung und ästhetischer Praxis. München 2015

Kunze, Hagen: 200 Jahre Opernchor Leipzig. Altenburg 2017

Kuschmitz, Helga: Herbert Kegel. Legende ohne Tabu. Ein Dirigentenleben im 20. Jahrhundert. Altenburg 2003

Langner, Wolfgang: Der Gewandhauschor zu Leipzig. Von den Anfängen bis 2000. Beucha 2005

Leyn, Wolfgang: Volkes Lied und Vater Staat. Die DDR-Folkszene 1976–1990. Berlin 2016

Lieberwirth, Steffen: Die Gewandhaus-Orgeln. Leipzig 1988

Lieberwirth, Steffen: »Wer eynen Spielmann zu Tode schlägt«. Ein mittelalterliches Zeitdokument anno 1989. Leipzig 1990

Lindner, Bernd: DDR – Rock & Pop. Köln 2008

Lucke-Kaminiarz, Irina: Hermann Abendroth. Ein Musiker im Wechselspiel der Zeitgeschichte. Weimar 2007

Maravić, Alexander von; Müller, Harald (Hrsg.): Oper Leipzig. Schlaglichter auf fünf Jahrzehnte Musiktheater. Berlin 2010

Mothes, Gert; Stadler, Siegfried: Die Thomaner. Leipzig 2004

Mundus, Doris: 800 Jahre Thomana. Leipzig 2012

Näher, Sabine: Singen zur Ehre Gottes. Thomaner erinnern sich. Leipzig 2012

Paleczny, Gerhard; Wissentz, Katrin u. a.: Punk und Rock in der DDR. Musik als Rebellion einer überwachten Generation. München 2014

Rannow, Angela; Stabel, Ralf (Hrsg.): Mary Wigman in Leipzig: eine Annäherung an ihr Wirken für den Tanz in Leipzig in den Jahren 1942 bis 1949. Dresden 1994

Schering, Arnold: Musikgeschichte Leipzigs in drei Bänden. Leipzig 1926

Schinköth, Thomas (Hrsg.): Musikstadt Leipzig im NS-Staat. Beiträge zu einem verdrängten Thema. Altenburg 1997

Schmidt, Anna-Barbara: Durch die Kraft der Musik. Kurt Masur. Altenburg 2012

Schmidt-Joos, Siegfried: Die Stasi swingt nicht. Halle 2016

Skoda, Rudolf: Neues Gewandhaus Leipzig. Baugeschichte und Gegenwart eines Konzertgebäudes. Berlin 1985

Topfstedt, Thomas: Oper Leipzig. Das Gebäude. Leipzig 1993

Zimmermann, Udo: Man sieht, was man hört. Udo Zimmermann über Musik und Theater, hrsg. von Frank Geissler. Leipzig 2003

Musikstadt Leipzig in Bildern

Michael Maul   Von den Anfängen bis ins 18. Jahrhundert

Lehmstedt

Michael Maul

Musikstadt Leipzig in Bildern

Von den Anfängen bis ins 18. Jahrhundert

224 Seiten,
215 farbige Abbildungen
24 x 27 cm, Festeinband,
Fadenheftung

ISBN 978-3-942473-88-0

24,90 Euro

Ob »Musensitz«, »musicalische Universität« oder »vergnügtes Pleiß-Athen« – Leipzig gilt seit dem 17. Jahrhundert als einzigartige Musikmetropole Europas. Wie die Stadt sich diesen Ruf erarbeitete, zeigt der Band anhand zahlreicher, teilweise erstmals veröffentlichter Bilder aus den ersten 700 Jahren Leipziger Musikgeschichte. Michael Maul porträtiert die Musiker und Komponisten, stellt ihre Werke und die Lebensumstände, unter denen sie entstanden, vor, erzählt von den Räumen, in denen die Musik gespielt wurde, und nimmt die Beförderer wie Gegner in den Blick. So wird sichtbar, warum ein Goethe sein Leipzig loben musste, ein Bach hier seine Hauptwerke schrieb und überhaupt die Musen in der galanten Bürger- und Universitätsstadt schon seit dem Frühbarock vergnüglicher als anderswo sangen, tanzten und musizierten: in Thomaskirche, Opernhaus und den Collegia musica, aber auch auf dem Marktplatz, den Gassen und den Tanzböden.

Lehmstedt

Musikstadt Leipzig in Bildern

Doris Mundus · Das 19. Jahrhundert

Lehmstedt

Doris Mundus

Musikstadt Leipzig in Bildern

Das 19. Jahrhundert

224 Seiten,
215 farbige Abbildungen
24 x 27 cm, Festeinband,
Fadenheftung

ISBN 978-3-942473-89-7

24,90 Euro

Der zweite Band der illustrierten Musikgeschichte Leipzigs umfasst die Glanzzeit der Musikstadt – von der Gründung des Gewandhausorchesters 1781 bis zur Wende zum 20. Jahrhundert. Das glückliche Zusammenspiel vieler Faktoren machte Leipzig, beginnend mit dem Wirken Mendelssohns, zum Mittelpunkt des Musiklebens in Deutschland und für eine geraume Zeit zur Musikhauptstadt Europas. Die Gewandhauskonzerte etablierten ein Orchester auf höchstem künstlerischen Niveau und boten zugleich gastierenden Musikern von Mozart über Liszt bis zu Brahms und Tschaikowski ein ideales Podium. Zahlreiche Werke der klassischen und romantischen Musik wurden hier komponiert und uraufgeführt. Die Absolventen des 1843 gegründeten Konservatoriums beeinflussten über Jahrzehnte hinweg das musikalische Leben von den USA bis Australien; Leipziger Musikkritiker prägten den Musikgeschmack einer ganzen Epoche. In aller Welt spielte man auf Instrumenten von Leipziger Instrumentenbauern und nach Noten aus Leipziger Musikverlagen.

Lehmstedt